印 顺 法 师 佛 学 著 作 系 列

佛法概论

释印顺 著

中華書局

图书在版编目（CIP）数据

佛法概论/释印顺著. —北京：中华书局，2010. 6
（2025. 6 重印）
（印顺法师佛学著作系列）
ISBN 978-7-101-07479-6

Ⅰ. 佛… Ⅱ. 释… Ⅲ. 佛教-概论 Ⅳ. B948

中国版本图书馆 CIP 数据核字（2010）第 130459 号

经台湾财团法人印顺文教基金会授权出版

书　　　名	佛法概论	
著　　　者	释印顺	
丛 书 名	印顺法师佛学著作系列	
责任编辑	朱立峰	
封面设计	毛　淳	
责任印制	管　斌	
出版发行	中华书局	

（北京市丰台区太平桥西里 38 号　100073）

http://www.zhbc.com.cn

E-mail:zhbc@zhbc.com.cn

印　　刷	三河市鑫金马印装有限公司
版　　次	2010 年 6 月第 1 版
	2025 年 6 月第 13 次印刷
规　　格	开本/880×1230 毫米　1/32
	印张 6⅛　插页 2　字数 125 千字
印　　数	25501-26500 册
国际书号	ISBN 978-7-101-07479-6
定　　价	30. 00 元

"印顺法师佛学著作系列"出版说明

释印顺(1906—2005),当代佛学泰斗,博通三藏,著述宏富,对印度佛教、中国佛教的经典、制度、历史和思想作了全面深入的梳理、辨析与阐释,取得了一系列重要学术成果,成为汉语佛学研究的杰出典范。同时,他继承和发展了太虚法师的人生佛教思想,建立起自成一家之言的人间佛教思想体系,对二十世纪中叶以来汉传佛教的走向产生了深刻影响,受到佛教界和学术界的的高度重视。

经台湾印顺文教基金会授权,我局于 2009 年出版《印顺法师佛学著作全集》(23 卷),系统、全面地介绍了印顺法师的佛学研究成果和思想,受到学术界、佛教界的广泛欢迎。应读者要求,我局今推出"印顺法师佛学著作系列",将印顺法师的佛学著作以单行本的形式逐一出版,以满足不同领域读者的研究和阅读需要。为方便学界引用,《全集》和"系列"所收各书页码完全一致。

"印顺法师佛学著作系列"的编辑出版以印顺文教基金会提供的台湾正闻出版社出版的印顺法师著作为底本,改繁体竖排为简体横排。以下就编辑原则、修订内容，以及与正闻版的区别等问题，略作说明。

编辑原则

编辑工作以尊重原著为第一原则，在此基础上作必要的编辑加工，以符合大陆的出版规范。

修订内容

由于原作是历年陆续出版的，各书编辑体例、编辑规范不一。我们对此作了适度统一，并订正了原版存在的一些疏漏讹误，主要包括以下几项：

1. 原书讹误的订正：

正闻版的一些疏漏之处，如引文、纪年换算、人名、书名等，本版经仔细核查后予以改正。

2. 标点符号的订正：

正闻版的标点符号使用不合大陆出版规范处甚多，本版作了较大幅度的订正。特别是正闻版对于各书中出现的经名、品名、书名、篇名，或以书名号标注，或以引号标注，或未加标注；本版则对书中出现的经名(有的书包括品名)、书名、篇名均以书名号标示，以方便读者。

3. 梵巴文词汇的删削订正：

正闻版各册(特别是专书部分)大都在人名、地名、名相术语后一再重复标出梵文或巴利文原文，不合同类学术著作惯例，且影响流畅阅读。本版对梵巴文标注作了适度删削，同时根据《望月佛教大辞典》、平川彰《佛教汉梵大辞典》、荻原云来《梵和大辞典》等工具书，订正了原版的某些拼写错误。

4.原书注释中参见作者其他相关著作之处颇多，为方便读者查找核对，本版各书所有互相参见之处，均分别标出正闻版和本版两种页码。

5.原书中有极少数文字不符合大陆通行的表述方式，征得著作权人同意，在不改变文义的前提下，略作删改。

印顺法师佛学著作对汉语佛学研究有极为深广的影响，同时在国际佛学界的影响也日益突出。我们希望"印顺法师佛学著作系列"的出版，有助于推进我国的佛教学以及相关学科的研究。

中华书局编辑部

二○一一年三月

目　录

自　序

　　三十三年秋，我在北碚汉藏教理院讲"阿含讲要"，十三讲而止。讲稿陆续发表于《海潮音》，由于文字通俗，得到读者不少的同情，但这还是没有完成的残稿。今春讲学厦岛，才将原稿的十三讲，除去第一讲"阿含经的判摄"，把其余的修正补充而重编为九章，即今第三章到十二章。其中第七章，是采用旧作"行为的价值与生命"而改写的。前面又补写绪言与初二章，略论佛法的根本——三宝。又写了十三章到二十章——八章，说明学佛者浅深不等的行证。

　　关于佛法，我从圣龙树的《中观论》得一深确的信解：佛法的如实相无所谓大小，大乘与小乘，只能从行愿中去分别。缘起中道，是佛法究竟的唯一正见，所以《阿含经》是三乘共依的圣典。当然，《阿含经》义是不能照着偏执者——否认大乘的小乘者、离开小乘的大乘者的见地来解说的。从佛法一味、大小异解的观点去观察，对于菩萨行的慈悲、利他的积极性等，也有所理会，深深地觉得：初期佛法的时代适应性，是不能充分表达释尊的真谛的。大乘的应运而盛行，虽带来新的方便适应，"更以异方便，助显第一义"；但大乘的真精神，是能"正直舍方便，但说无上道"的,确有它独到的长处! 佛法的流行人间,不能没有方便适应,但不能刻舟求剑而停滞于古代的。原来,释尊时代的印度宗教,旧有沙门与婆罗门二大类。应机设教,古代的声闻法,主要是适应于苦行、厌世的沙门根性;菩萨法,主要是适应于乐行、事神的婆罗门根性。这在古代的印度,确乎是大方便,但在时异境迁的今日,今日的中国,多少无上妙方便,已失却方便大用,反而变为佛法的障碍物了! 所以弘通佛法,不应为旧有的方便所拘蔽,应使佛法从新的适应中开展,这才能使佛光普照这现代的黑暗人间。我从这样的立场来讲《阿含经》,不是看作小乘的,也不是看作原始的。着重于旧有的抉发,希望能刺透两边,让佛法在这人生正道中,逐渐能取得新的方便适应而发扬起来! 为了避免一般的——以《阿含经》为小乘的误解,所以改题为《佛法概论》。

佛法,是理智的德行的宗教,是以身心的笃行为主,而达到深奥与究竟的。从来都称为佛法,近代才有称为佛学的。佛法流行于人间,可能作为有条理、有系统的说明,使它学术化;但佛法的本质,决非抽象的概念而已,决不以说明为目的。佛法的"正解",也决非离开"信""戒"而可以成就的。"法"为佛法的根本问题,信解行证,不外乎学佛者倾向于法、体现于法的实践。所以本论虽是说明的,可说是佛法而学的,但仍旧称为《佛法概论》,保持这佛法的根本立场。

我愿意读者,本着这样的见地去读它!

旧稿积压了四、五年,由于厦岛讲学因缘,才续写完成,得以印行流通。这一切,都得到学友妙钦法师的助力,特附此谢!

一九四九年八月二十一日,校毕序。

绪　言

　　"佛法"，为佛与法的结合词。佛是梵语佛陀的略称，其义为觉者。法是梵语达磨的意译，精确的定义是轨持，即不变的轨律。佛与法的缀合语，应解说为佛的法。本来，法是"非佛作亦非余人作"的；本来如此而被称为"法性法尔"的；有本然性、安定性、普遍性，而被称为"法性、法住、法界"的。这常遍的轨律，何以要称为佛法？因为这是由于印度释迦牟尼佛的创见，而后才流行人间的；"佛为法本，法由佛出"，所以称之为佛法。

　　依"佛的法"而引申其意义，又得两个解说：一、"诸佛常法"：法是本来如此的；佛是创觉世间实相者的尊称，谁能创觉此常遍的轨律，谁就是佛。不论是过去的、现在的、未来的佛，始终是佛佛道同；释迦佛的法，与一切佛的法平等平等。二、"入佛法相名为佛法"：法是常遍的，因佛的创见而称之为佛法。佛弟子依佛觉证而流出的教法去修行，同样的觉证佛所觉证的，传布佛所传布的，在佛法的流行中，解说、抉择、阐发了佛的法，使佛法的甚深广大能充分地表达出来。这佛弟子所觉所说的，当然也就是佛法。这两点，是佛法应有的解说。但我们所知的诸佛常法，到底是创始于释迦牟尼佛，依释尊的本教为根源的。佛弟子所弘布的是否佛法,在乎他是否契合释尊根本教法的特质。所以应严格地贯彻这一见地,抉择流行中的诸佛常法与弟子的论述。

此外,"世间一切微妙善语,皆是佛法",释尊说:"我所说法,如爪上尘,所未说法,如大地土。"(《升摄波经》)这可见有益身心家国的善法,释尊也多有不曾说到的。释尊所觉证而传布的法,虽关涉极广,但主要是究尽法相的德行的宗教。佛法是真实的、正确的,与一切真实而正确的事理,决不是矛盾而是相融贯的。其他真实与正确的事理,实等于根本佛法所含摄的,根本佛法所流出的。所以说:"一切世间微妙善语,皆是佛法。"(《增一阿含经》)这可见,"谓有沙门,执著文字,离经所说,终不敢言"(《大毗婆沙论》),实在不够了解佛法!在佛法的流行中,融摄与释尊本教不相碍的善法,使佛法丰富起来,能适应不同的时空,这是佛法应有的精神。

佛的法,是根本的;诸佛常法与入佛法相的佛法,是竖贯的、深入的;融贯的佛法,是旁通的。千百年来流行于人间的佛法,不外乎契合这三者而构成。

第一章 法与法的创觉者及奉行者

第一节 法

文 义 法

从佛法流行人间说,佛陀与僧伽是比法更具体的、更切实的。但佛陀是法的创觉者,僧伽是奉行佛法的大众,这都是法的实证者,不能离法而存在,所以法是佛法的核心所在。那么,法是什么? 在圣典中,法字使用的范围很广,如把不同的内容条理而归纳起来,可以分为三类:一、文义法;二、意境法;三、(学佛者所)归依(的)法。

释尊说法,重在声名句文的语言,书写的文字,以后才发达使用起来。语言与文字,可以合为一类。因为语文虽有音声与形色的差别,而同是表诠法义的符号,可以传达人类(一分众生也有)的思想与情感。如手指的指月,虽不能直接地显示月体,却能间接地表示它,使我们因指而得月。由于语言文字能表达佛法，所以也就称语文为法；但这是限于表诠佛法的。如佛灭初夏，王舍城的五百结集，就称为"集法藏"。然此能诠的语文法，有广狭二类：一、凡是表诠佛法的语文，都可以称为法，这是广义的。二、因佛法有教授与教诫二类，在教化的传布中，佛法就自然地演化为"法"与"毗奈耶"二类。等到结集时，结集者就结集为"法藏"与"毗奈耶藏"。与毗奈耶藏相对的法藏，那就局限于经藏了。

意 境 法

《成唯识论》说："法谓轨持。"轨持的意义是："轨生他解，任持自性。"这是说：凡有它特有的性相，能引发一定的认识，就名为法，这是心识所知的境界。在这意境法中，也有两类：一、"别法处"：佛约六根引发六识而取境来说，所知境也分为六。其中，前五识所觉了分别的，是色、声、香、味、触。意识所了知的，是受、想、行三者——法。受是感情的，想是认识的，行是意志的。这三者是意识内省所知的心态，是内心活动的方式。这只有意识才能明了分别，是意识所不共了别的，所以名为别法。二、"一切法"：意识，不但了知受、想、行——别法，眼等所知的色等，也是意识所能了知的；所知的——就是能知也可以成为所知的一切，都是意识所了知的，都是轨生他解、任持自性的，所以泛称为"一切法"。

归 依 法

法，是学佛者所归依的。约归依法说，不离文义法，又不可著在文义法，因为文义只是佛法流传中的遗痕。也不可落在意境法，因为这是一切的一切，善恶、邪正都是法，不能显出佛法的真义何在。学者所归依的法，可分为三类：一、真谛法；二、中道法；三、解脱法。其中根本又中心的，是中道的德行，是善。释尊说："邪见非法，正见是法，乃至邪定非法，正定是法。"(《杂含》卷二八·七八二经)正见、正志、正语、正业、正命、正勤、正念、正定——八正道，为中道法的主要内容。当释尊初转法轮时，一开口就说："莫求欲乐，极下贱业为凡夫行，是说一边；亦莫求自身苦行，至苦非圣行无义相应者，是说二边，……离此二边，则有中道。"(《中含·拘楼瘦无诤经》)这中道，就是八正道。到释尊入灭的时候，又对阿难说："自归依，归依于法，勿他归依。"(《长含·游行经》)意思说：弟子们应自己去依法而行。所依的法，经上接着说"依四念处行"；四念处就是八正道中正念的内容，这可见法是中道的德行了。法既然是道德的善行，那不善的就称为非法。释尊的《筏喻经》说："法尚应舍，何况非法"，正是这个意思。中道——正道的德行，为什么称为法？法的定义是轨持，轨是轨律、轨范，持是不变、不失；不变的轨律，即是常道。八正道，不但合乎道德的常道，而且就是"古仙人道"，有永久性、普遍性，是向上、向解脱的德行的常道。这不妨再看得远些：在印度古代文明的吠陀中，"陀利"一词，泛指一切轨律。到后来，轨律的思想分化了，凡是良善的俗习、道德的行为、具体或抽象的轨律，改称为达磨——法，而陀利却被专用在事相的仪式上。佛世前后，婆罗门教制成"法经"，又有许多综合的"法论"，都论到四姓的义务、社会的法规、日常生活的规定。印度人心目中的达磨,除了真理以外,本注重合理的行为。如传说中轮王的正法化世,也就是德化的政治。释尊所说的法,内容自然更精确、更深广,但根本的精神,仍在中道的德行。中道的德行,是达磨的第一义。

中道行,是身心的躬行实践,是向上的正行。在向上的善行中,有正确的知见,有到达的目的。向上向解脱的正行,到达无上究竟解脱的实现;这实现的究竟目的——解脱,也称为法。经中称它为无上法、究竟法,也称为胜义法。如《俱舍论》(卷一)说:"若胜义法,唯是涅槃。"这是触证的解脱法,如从火宅中出来,享受大自然的清凉,所以说如"露地而坐"。释尊初成佛时的受用法乐,就是现证解脱法的榜样。说到正确的知见,这不但正知现象的此间、所达到的彼岸,也知道从此到彼的中道。这不但认识而已,是知道它确实如此,知道这是不变的真理。这是说"缘起":知道生死众苦是依因而集起的;惟有苦集(起)的灭,才能得到众苦的寂灭,这非八正道不可。这样的如实知,也就是知四真谛法:"苦真实是苦,集真实是集,灭真实是灭,道真实是道。"这四谛也称为法:如初见真谛,经上称为"知法入法";"不复见我,唯见正法";"于法得无所畏"。能见真谛的智慧,称为"得法眼净"。释尊的"初转法轮",就是开示四谛法。

这三类归依法中,正知解脱、中道,与变动苦迫的世间,是真实;中道是善行;触证的解脱是净妙。真实、善行、净妙,贯彻在中道的德行中。八正道的最初是正见,正见能觉了真谛法。知是行的触角,是行的一端,在正行中,知才能深刻而如实。离了中道的正行,没有正知,所以佛法的正见真谛,近于哲学而与世间的哲学不同。同时,八正道的最后是正定,是寂然不动而能体证解脱的。这正定的体证解脱,从中道的德行中来,所以近于宗教的神秘经验,而与神教者的定境、幻境不同。也就因此,中道行者有崇高的理智,有无上解脱的自由,虽说是道德的善,也与世间的道德不同。中道统一了真谛与解脱,显出释尊正觉的达磨的全貌。

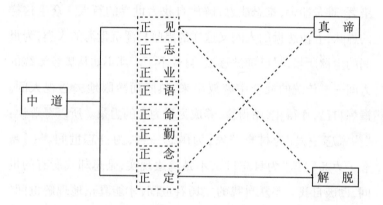

第二节 佛法的创觉者——佛

觉苦觉乐觉中道

佛法的创说者释迦牟尼佛,是中印度迦毗罗国王子。少年时代,享受人间的五欲。二十九岁的春天,忽然不顾社稷与家庭,逾城出家去了。从此过着谨严淡泊的生活,一直到八十岁。释尊的所以出家,依《中含·柔软经》说:释尊到野外去游散,顺便看看田间的农人,看了农作的情形,不觉引起无限的感慨。不忍贫农的饥渴劳瘠,又不得不继续工作;不忍众生的自相残杀;不忍老死的逼迫。这种"世间大苦"的感觉,是深切的经验,是将自己的痛苦与众生的痛苦打成一片,见众生的痛苦而想到自己的痛苦。释尊经此感动,不满传统的婆罗门教与政治。自悯悯人,于是不忍再受王宫的福乐,为了探发解脱自我与众生苦迫的大道,决意摆脱一切去出家。出家,是勘破家庭私欲占有制的染著,难舍能舍,难忍能忍,解放自我为世界的新人。众生这样的愚昧,五浊恶世的人间又这样的黑暗!浮沉世海的人类,为世间的尘欲所累,早已随波逐浪,自救不了。那不妨从黑漆缴绕的人间——传统的社会中解放出来,热肠而冷眼地去透视人间。锻炼自己,作得主,站得稳,养成为世为人的力量。所以释尊说:"为家忘一人,为村忘一家,为国忘一村,为身忘世间。"(《增含·力品》)这"为身忘世",不是逃避现实,是忘却我所有的世间,勘破自我。不从自我的立场看世间,才能真正地理解世间、救护世间。看了释尊成佛以后的游化人间,苦口婆心去教化人类的事实,就明白释尊出家的真意。

在出家修学的过程中,释尊又有一番新的觉悟。原来当时印度流行的新宗教,主要的为定乐与苦行。禅定中,如无所有定与非想非非想定,释尊都曾修学过。但觉得这还是不彻底的,不能由此正觉人生的实相。因此又到苦行林中与苦行者为伍,经历六年的苦行,但末了觉得这也不是正道。约克制情欲说,苦行似乎有相当的意义,但过分的克己对于人类与自己,有何利益?这样否定了定乐与苦行,以敏锐的智慧,从中道的缘起观,完成圆满的正觉。释尊的正觉,是从己及人而推及世间,彻悟自他、心物的中道。深彻的慧照中，充满了同情的慈悲。

即人成佛

释尊是人间的圣者，这本是历史的事实。但释尊又给予深刻的含义说："诸佛世尊，皆出人间，非由天而得也。"（《增含·等见品》）这是说：佛是人间的正觉者，不在天上。天上没有觉者，有的是神、梵天、上帝、天主们与他的使者。释尊是人，不是天上的上帝，也没有冒充上帝的儿子与使者向人类说教。所以佛法是人间觉者的教化，也不像神教者，说经典——《吠陀》、《新旧约》、《可兰经》等为神的启示。这"佛出人间"的论题，含有无神论的情调。天上，依印度人与一般神教者的看法，是净洁的、光明的、喜乐的；而人间却充满了罪恶、黑暗与苦痛。但释尊从"佛出人间"、"人身难得"的见地否认它。理智的正觉，解脱的自由，在人间不在天上。所以说："人间于天则是善处。"（《增含·等见品》）人间反成为天神仰望的乐土了。人生，不但是为了追求外物的五欲乐，也不在乎尝受内心神秘的定乐；应重视人间，为正觉的解脱而励行理智的德行。人类的心眼，早被神教者引上渺茫的天国；到释尊，才把他们唤回人间。据传说：印度的梵天——世界的创造者，为了无力拯救人间，诚恳地请佛为人类说法。印度的群神都向释尊请教，自称弟子。天帝们需要正觉与解脱，反证他们的愚昧不自由。所以"智者不属天"，要归依"两足尊"（人）的佛陀。

释尊出在人间，所以是即人成佛的，是净化人性而达到正觉解脱的。释尊是人，与人类一样的生、老、病、死、饮食、起居、眼见、耳闻；这父母所生身，是释尊的"生身"。同时，释尊有超一般人的佛性，是正觉缘起法而解脱的，这是释尊的"法身"。释尊是人而佛、佛而人的。人类在经验中，迫得不满现实而又着重现实，要求超脱而又无法超脱。重视现实者，每缺乏崇高的理想，甚至以为除了实利，一切是无谓的游戏。而倾向超脱者，又离开现实或者隐遁，或者寄托在未来、他方。崇高的超脱，平淡的现实，不能和谐合一，确是人间的痛事。到释尊即人成佛，才把这二者合一。由于佛性是人性的净化究竟，所以人人可以即人成佛，到达"一切众生皆成佛道"的结论。

自觉与觉他

佛陀的正觉，不单是理智的解悟，是明月一般的在万里无云的空中，遍照一切，充满了光明喜乐与清凉。现在，姑从自觉与觉他说。佛陀是自觉者，不同声闻弟子的"悟不由他"，是"自觉谁称师"的自觉。佛法由释尊的创见而流布人间，他是创觉者，所以称为佛陀。佛世的多闻圣弟子——声闻，虽也能正觉解脱，与佛同样的称为阿罗汉，却没有被称为佛的。所以我们说释尊是觉者，应重视他的创觉性。释尊本是人，而竟被推尊为佛陀了。这因为释尊在菩提树下，创觉缘起法性，离一切戏论，得到无上的解脱。佛陀的所以为佛陀，在乎正觉缘起法性，这是佛陀的法身。释尊证觉缘起法身而成佛，如弟子而正觉缘起法的，也能证得法身；不过约闻佛的教声而觉悟说，所以称为声闻。"如须陀洹得是法分名为初得法身，乃至阿罗汉辟支佛名后得法身。"(《罗什答慧远书》)能得法身的佛弟子，是真能窥见佛陀之所以为佛陀的,所以释尊说:"见缘起即见法,见法即见佛。"须菩提尊者的深观法空,释尊也推许他"先见我身"。因释尊觉法成佛,引出见法即见佛的精义。再进,那就是"法身常在"。释尊说:"我诸弟子展转行之,则是如来法身常在而不灭也。"(《遗教经》)法身的是否常在,依佛弟子的行践而定。有精勤的实行者,就有现觉法性者,有能见佛陀的所以为佛陀者,法身也就因此而实现在人间。佛法的不断流行,有不断的勤行者,法身这才常在人间而不灭。"法身常在"的论题,是何等深刻、正确而有力!

　　释尊不忍世间的长此黑暗,不忘出家的初心,开始弘法工作。但释尊完满的自觉,为时代所限,不能彻底而详尽地发扬,只能建立适应时机的"方便教"。方便教,糅合了一分时代精神——厌世的精神,使释尊的究竟道受到限制,但不是毫无真实。这方便教中蕴蓄的真实道,在佛法的流行中已大大地阐发了。释尊是创觉者,弟子是后觉,先觉觉后觉,觉觉不已地住持这觉世的大法,要如何才有可能? 这唯有组织觉者集团的僧伽。毗奈耶中说:释尊的所以依法摄僧,使佛弟子有如法的集团,是为了佛法久住,不致于如古圣那样的人去法灭。事实上,住持佛法、普及佛法,也确乎要和乐清净的大众负起责任来。这和乐僧团的创立,是佛陀慧命所寄。佛陀在自觉正法上,存在于法的体现中;在觉他世间上,存在于觉者的群众中。释尊说:"施比丘众已,便供养我,亦供养众。"(《中含·瞿昙弥经》)这"佛在僧数"的论题,表示僧团是佛陀慧命的扩展与延续。毗奈耶中说:有如法的和合僧,这世间就有佛法。这可见,不但"僧在即佛在"，而且是"僧在即法在"。这一点，不但证实释尊的重视大众，更了解佛法的解脱不是个人的隐遁，反而在集团中。连自称"辟支佛"式的头陀行者——隐遁而苦行的，也不许他独住，非半月集合一次不可。人间佛陀的真精神，哪里是厌世者所见的样子！

```
                 ┌自觉正法—见法即见佛—法身常在┐
佛陀（创觉者）├----------绍隆佛种--------------┤（后觉者）僧伽
                 └觉他大众—僧在即法在—正法久住┘
```

第三节　佛法的奉行者——僧

建僧的目的

释尊的教化风行恒河两岸，得到不少的信受奉行者，其中也有从佛出家的。起初，释尊为出家弟子提示了"法味同受"、"财利共享"的原则。等到出家众一多，佛陀开始制戒，使他们成为和合的，称之为僧伽——众。释尊的所以"以法摄僧"，不但为了现在的出家众，目的更远在未来的正法久住。释尊创觉的常道，非一般人，也非天、魔、梵——印度宗教的神所能转的。惟其难得，爱护的心也特别关切。所以发现了出家众的过失，就从事僧众的组织；成立僧团的第一义，即为了住持佛法。佛法虽是探本的，简要的，却是完成的。在传布中，可以引申、阐发，可以作方便的适应，却没有修正或补充可说。所以佛弟子的弘扬佛法，是"住持"，应特别注意佛法本质的保持。关于住持佛法，虽然在许多经中,嘱咐王公、宰官,嘱咐牛鬼、蛇神,其实除嘱咐阿难不要忘记而外,这正法久住的责任,释尊是郑重地托付在僧团中。和合僧的存在,即是正法的存在。

释尊的所以制律,以法摄僧,有十种因缘:"一者摄僧故;二者极摄僧故;三者令僧安乐故;四者折伏无羞人故;五者有惭愧人得安隐住故;六者不信者令得信故;七者已信者增益信故;八者于现法中得漏尽故;九者未生诸漏令不生故;十者正法得久住。"(《摩诃僧祇律》卷一)这十者,是释尊制戒律的动机与目的;而正法久住,可说是最后的目的。从正法久住的观点说:佛弟子要有组织的集团,才能使佛法久住世间。这僧团的组合,释尊是把它建筑在律制的基础上;严格的纪律,成为摄受僧众的向心力。"摄僧"与"极摄僧",是集团的和合。和合的僧众们,有了法律可守,这才能各安其分,不致有意无意地毁法乱纪,引起僧团的动乱纠纷。彼此融洽的为道,自然能做到"令僧安乐"。有了这律治的和乐僧团,可以使僧众的本身更健全。广大的僧众虽然贤愚不齐,但有了律治的僧团,那无惭无愧的犯戒者,在大众的威力下,便不能不接受制裁;不接受,就不能寄生在佛教中。有惭愧而真心为道的,在集团法律的保障下,也能安心地为法护法,不会因人事的纠纷而退心。这样的"折伏无羞人","有惭愧人得安隐住",做到了分子健全与风纪严肃,便是清净。和合、安乐、清净,为律治僧团的三大美德。佛法的久住世间,不能离社会而独立。社会的信解佛法,作学理的研究者少,依佛弟子的行为而决定者多,所以如没有和乐清净的僧团,便难以引起世人的同情。如世人误会或不满意佛弟子所代表的佛法,那佛法的存在就要成问题。因此,要佛教本身有和乐清净的僧团,才能实现佛法,做到"不信者令得信","已信者增益信"。僧团的集合,不是为了逢迎社会,苟存人间,是为了实现大众的身心净化而得解脱、自由的。在完善的僧团中,人人都容易成为健全的、如法的,达到内心的净化。不但现在不起烦恼,未来也使它不生。到最后,"于现法得漏尽",是尽智;"未生诸漏令不生",是无生智:净化身心完成而得到解脱。和乐清净的僧团,能适应环境而获得社会大众的信仰,能净化身心而得自身的解脱;不忽略社会,不忽略自己,在集团中实现自由,而佛法也就达到了"久住"的目的。释尊以律法摄受僧众,把住持佛法的责任交托他。僧团为佛法久住的唯一要素,所以与佛陀、达磨,鼎立而称为三宝。

六 和 敬

正法的久住,要有解脱的实证者、广大的信仰者,这都要依和乐清净的僧团而实现。僧团的融洽健全,又以和合为基础。依律制而住的和合僧,释尊曾提到他的纲领,就是六和敬。六和中,"见和同解"、"戒和同行"、"利和同均",是和合的本质;"意和同悦"、"身和同住"、"语和无诤",是和合的表现。从广义的戒律说,佛教中的一切,团体的、个人的,都依戒律的规定而生活。律治内容的广泛,与中国古代的礼治,有着同样的精神。律,包含实际生活的一切;但释尊特别重视思想与经济,使它与戒律并立。这就指出大众和合的根本问题,除了律制以外,还要注重思想的共同、经济待遇的均衡。思想、律制、经济三者,建立在共同的原则上，才有和乐、清净的僧团。在僧团中，有关大众与个人的法制，固然有要求参加僧团者严格服从遵行的义务，但如有特权阶级，特别是执法者不能与守法者同样的遵守律制，必然要影响大众的团结。戒和同行，为律治的精神所在；就是释尊也不能违反律制，何况其他！我们在社团中，要有物质上与精神上的适当营养。但一般人，在物质的享受上，总是希求超过别人的优越待遇；在思想上，又总是满意自己的意见。这物欲的爱著——"爱"、思想的固执——"见"，如不为适当的调剂、节制，使它适中，就会造成经济上的不平衡、思想上的分歧。在同一集团中，如让经济的不平、思想的庞杂发展起来，僧团会演成分崩离析的局面。在释尊当时，能注意思想的同一、经济的均衡，不能不说是非凡的卓见！释尊说："贪欲系著因缘故，王、王共诤，婆罗门居士、婆罗门居士共诤。……以见欲系著故，出家、出家而复共诤。"（《杂含》卷二〇·五四六经）这还不过从偏重而说，从佛教的僧团看，经济与思想并重，释尊的不偏于物质，也不偏于精神，确是到处流露的一贯家风。僧团确立在见和、戒和、利和的原则上，才会有平等、和谐、民主、自由的团结，才能吻合释尊的本意，负担起住持佛法的责任。有了上面所说的三和——和合的本质，那表现在僧团中的，就必有后三者。彼此间，在精神上是志同道合的；行动上是有纪律而合作的；语言文字上是诚实、正确，充满和谐友谊的。这样的僧团，才是释尊理想中的僧团。

事和与理和

和合僧，是缘起的和合。缘起的和合中，是有相对的差别性,所以在一切佛弟子中,分为在家与出家二众。在家众中,男的称为优婆塞——近事男,女的称为优婆夷——近事女,这是亲近三宝的。佛教的在家信众,接近佛教,在思想与行动上,接受佛法的指导,照着去行,所以叫近事。出家众中也有男女不同。男众又分两级:沙弥——勤策,是青年而没有履行完全律制的,可说是预科;比丘——乞士,是以佛为模范,而学佛所学、行佛所行的。女众却分为三级:在预修的沙弥尼——勤策女和正式的比丘尼——乞女之间,有式叉摩那尼——正学女,这是为了特殊情形而制定的两年特训。其中,沙弥是隶属于比丘的,沙弥尼与式叉摩那尼是属于比丘尼的。这男众女众的"二部僧",虽然男女各别组织,但在思想上与精神上,比丘僧是住持佛法的中心。综合这七众弟子,成为整个的佛教信众。

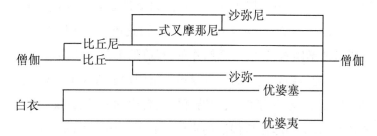

释尊适应当时的环境,在出家弟子中,有事相上的僧团。在家弟子仅是信仰佛法,奉行佛法,没有成立团体。所以在形迹上,有出家的僧伽,有在家白衣弟子。但从行中道行,现觉正法而解脱来说,"理和同证",在家与出家是平等的。白衣能理和同证,也可称之为僧伽;而且这还是真实僧,比形式上的僧伽更值得赞叹。反之,出家者如没有现证的自觉,反不过形式而已。这事和与理和,本来是相待而又不相离的。但在佛法的流行中,一分青年大众——出家者,与白衣弟子们,重视理和同证的僧伽;忽略六和僧团的作用,忽略发挥集团的力量,完成正法久住的重任,因此而轻视严密的僧制。白衣者既没有集团,而青年大众僧中"龙蛇混杂",不能和乐清净。结果,理想中的真实僧,渐渐的比虚伪更虚伪。号称入世的佛教,反而离开大众,成为个人的佛教。另一分耆年的老上座,重视事相的僧伽,但忽略释尊制律的原则不变、根本不变,而条制、枝末的适应性,不能随时随地地适应,反而推衍、增饰(还是为了适应),律制成为繁琐、枝末的教条。僧俗的隔碍,也终于存在。从僧伽中心的立场说,这是各走极端,没有把握事和与理和、原则与条规的综合一贯性,不能圆满承受释尊律制的真精神。

第二章　教　法

第一节　能诠的教法

能诠与所诠

三宝的综合融贯,成一完善健全的佛教。从佛法的流行人间来说,法是释尊所开示的,僧是秉承释尊的指导而和合的;三宝综贯的佛教,实等于释尊三业大用的流行。释尊本着自觉的达磨,适应当时、当地、当机者的性格、智能与希求,加以正确的教导,佛法才成为流行于人间的。释尊的教导,不只是言教,还有身教。释尊的日常生活,处人处世,一切的语默动静,来去出入,无不以智慧为前导,无不与实相相应。这以身作则的身教、训诲的言教,就是释尊所用以表诠达磨——法的。释尊教化的流行,构成缘起和合的佛教;缘起是相依相成、综合融贯的,所以对身教与言教,有综合理解的必要! 佛教是综贯整体的,但由于所诠事理的相对差别性,能诠(教法)也就形成不碍和合的二类。一、能诠以言教为主,所诠以个人的身心修行为重,开示事理的真实谛如；由弟子口口相传的受持，称为教授，也称为（狭义的）达磨。在后代编集的圣典中，就称为法藏，也就是辗转传来的"阿含"。二、能诠，经释尊言教的指导，身教的示范；所诠以大众的生活行为为主，开示道德的戒法，以及有关大众和合与适应社会的制度。这除了"波罗提木叉"的成文法以外，一切法制都推行在僧团中，称为教诫，也称为毗奈耶——律。这所诠的法与毗奈耶，要从综合融贯的立场，观察团体与个人、环境与内心、事行与理行、法制与义理，理解彼此相应相成的综贯性。惟有这样，才能完善地了解佛教。

　　佛教是人间的。能诠的身教、言教，所诠的法、毗奈耶，不只是释尊的三业大用，也是实际存在于个人、僧伽、社会的。所以在人间佛教的开展中，不应忽略佛弟子的活动。在家、出家的佛弟子，见佛闻法，受到佛法的陶冶，在语言与行为中，表现为佛化的新人。其中，出家众在僧伽的和乐清净中，表达佛法；僧伽的威力，推动佛教的前进。在家众也在社会上表现佛法，起着显化或默化的作用。尤其是大弟子们的游化诸方，或彼此论道，或向社会宣传，"如灯传照，光光无尽"。这样的开展，虽受到时、地、人的影响而有不同的适应，但释尊的及门弟子，"从佛口生，从法化生"，到底有高度的直接性。从达磨而有释尊的自证化他，因佛的化他而有僧伽的内修外弘，释尊时代的三宝住世，是人间佛教的本源；后代佛教的扩展与延续，都从此而来。

诠　表

　　能诠表的教法，即佛与弟子的身教、言教，也即是表达佛法的"身表"与"语表"。身表是身形动作,语表是音韵屈曲。不但身表的形色,如扬眉瞬目、举手低头,不离根身而存在;语言的音韵屈曲,也是依咽喉、唇、舌、齿龈、颊辅等而引发。所以身表与语表,是依有情的根身而起的。但身表与语表,不只是根身的,是在根身、境界、意识的因缘和合时,为了意识的要求表现,才发动根身而引起形色与音声的流变。这样的身表、语表,是意境的符号,是意识所引起的表诠,有指向对象的缘起用。从身表、语表的根身而现起,所以说它是(五蕴中的)色法,也即是物质的,但这是缘起的色法,并不能离心识与境界而存在的。有的执著"身表色"、"语表色",忽略了它与意识与境界的相依不离;有的重视它的诠表意境,所以说是"思"心所的作用;有的索性说是识所变现的。不注意能诠表的缘起依存性,难怪有偏于有情的色法,有偏于内心的不同解说了。

身语二者,虽同样的能诠表佛法,但身表多表示内心的情意,在知识的事理方面,语言的开示解说比身表要明确精密得多。记忆对方的教说,能照样地说出来,每能不失原意,甚至不变原来的语法。所以语言的传授,成为教化的主要工具。语言的传诵,久了不免会多少失真,好在印度人养成相当强的记忆力,每有熟诵数百万言的。佛教的原始教典,经辗转传诵到记录出来,虽因部派分化,有了相当大的差异,但还可说大体是相近的。音声的表诠,除了语言,还有音乐、歌颂。根本佛法是淳朴的,是相对的"非乐"论者。不许以诗颂表达佛说(巴利《小品》);于大众中歌舞戏笑的伎儿,释尊也不以为是正当的职业(《杂含》卷三二·九○七经);出家的弟子,更不许过往观听。

但佛弟子中，"能造偈颂叹如来德，鹏耆舍比丘是"（《增含·弟子品》）；"有比丘名跋提，于呗中第一"（《十诵律》卷三七）。赞叹三宝功德的偈颂梵呗，释尊也是许可的，只是不许为音韵节奏所惑乱罢了。身表与语表，好在表义的亲切，可惜缺乏固定性。人类的心力，能利用身外的东西，使它适合自己的意欲，间接地表达出情意与思想，如雕刻、图画、建筑、文字等。其中，书写的文字，也是语言、思想的符号，有语言思想的精密，又有安定性的特长（缺点也在这里）。人类文化的发达，佛法能一直流传下来，文字是有重要贡献的。释尊的时代，虽已有书写的文字，传有抄录经文的故事，但至少当时并没有用（书写的）文字来表诠佛法，作为弘扬佛法的工具。所以佛经中所说的文字，还是语言的，不是书写的。这些间接的表诠物，以形色为主。它所以能表达情意与思想，须经过人类意识的陶铸，否则就无所谓表诠，文字也不成其为文教了。

依正觉者看来，事事物物的实相，一切明白地呈露于我们之前，只是我们不能体认它。语言文字的教法，是先觉者用来表示觉境，引导人去体认宇宙人生的实相。佛法要在自己及一切中去体认，不能老在空虚的名句文身中过活！

第二节 教典略说

圣典的编集

释尊时代的佛法，有法与毗奈耶——律二者。法是辗转传诵的；律是半月半月诵说的，即《波罗提木叉戒经》。为了诵习的便利，用当时流行的名为"修多罗"（契经）的短文体；如从内容说，即法与律。"修多罗相应，不越毗奈耶，不违法相"的佛法，起初是如此的。释尊灭后的第一年夏天，尊者摩诃迦叶发起，在王舍城外的七叶岩召开结集圣典的大会。结集的方式，是推出精通法、律的圣者，诵出法律，经大众的共同审定，然后加以编集。原始结集的圣典，分为经与律，即义理（定慧修持）与戒行的，近于现存的《杂阿含经》，及《戒经》与"杂跋渠"。佛灭百年，佛教的东方与西方系，为了戒行的见地不同，又在毗舍离召开第二次结集大会。第二结集的，经典以《杂阿含经》——"相应修多罗"为本，加入佛及弟子的遗言景行，更为通俗地编集。依经文的长短，分为《中部》、《长部》；又依增一法，编集为《增一部》。这三部，加上原有的《相应》（杂）教，总名为四部《阿含经》。这如《瑜伽师地论》（卷八五）说："即彼相应教，复以余相处中而说，是故说名中阿笈摩。……说名长阿笈摩……说名增一阿笈摩。"戒律中，《戒经》已有"分别"解说。"杂跋渠"，上座部系名为"摩怛理迦"。律师们后来依它的内容，分编为"七法"、"八法"，或作"小品"、"大品"；剩余的杂碎部分，编为"杂事"（后又有分出别编的）。戒律的改组更张，大体上与经法采取同一方式。这样的经律，为佛教界共同信任的圣典。分别思考而成立的论典，或许还没有；但在师资传授中，可以有舍利弗的"阿毗昙"，摩诃迦旃延的"蜫勒"，但这已是彼此不能完全同意的了。阿恕迦王时代，经与律已勒成定典（后来各部派又各自改编）。西元前一世纪，开始有书写的文字记录。这是佛教的初期圣典。

佛教的发展,引起了学派的分化。第二结集以后,东西方日见对立,东方系成为大众部,西方系成为上座部。大众部在东,更向东沿海而向南方发展。西方的上座部,初分为二:"分别说"与"说一切有"。分别说部向西南发展,后来又分为四部;流行在印度本土的三部——化地部、法藏部、饮光部,与大众部系的关系很深。说一切有系中,拘睒弥地方的犊子比丘,成立犊子部,流行印度的中、西方。从摩偷罗而向北印发展的,成为说一切有部。大众部、(上座)分别说部、犊子部、说一切有部,这四大派,是佛教部派的大纲。上座部的三大系,推重舍利弗的"阿毗昙",尤其是说一切有部。一切有部从佛灭三百年起,作《发智论》等大量的论典;迦腻色迦王时代及略后,造《大毗婆沙论》,完成说一切有的严密理论。大众部及(流行印度的)分别说系,虽也有论典,但继承集成四阿含的作风,依据旧说而加上新成分。起初,在四阿含以外,别立第五部,名《杂藏》。后来"杂藏"是"文义非一,多于三藏,故曰杂藏"(《分别功德论》)。菩萨本生谈,佛与弟子的传记,有的连咒术也收集在内。本来大众部所推重的《增一阿含》,分别说部推重的《长阿含》,已透露出大乘思想;所以从他们所编集的《杂藏》中,孕育大乘思想,终于有了空相应大乘经的编集出来。初期大乘的代表作,如《般若经》的《小品》、《大品》,《华严经》的《入法界品》,《大宝积经》的《普明菩萨会》,还有《持世》、《思益经》等。大乘经与小乘论,是佛教分化中产生的教典,也即是大乘与小乘的分宗。大乘佛教着重贯通、直觉,重在赞仰佛陀的行果;小乘佛教注重精密、思辨,重在生死解脱的事理。小乘论渊源于释尊的言教,大乘经却从释尊的本生、本行,进窥佛陀的精神。大乘经是艺术化的,小乘论是科学化的。大乘经富有佛教传统的实践精神,小乘论却不免流于枯燥与烦琐。但论典保存作者的名字,体裁与经律不同,这比大乘经的适应世俗,题为佛说,使经本与义说不分,也自有它的长处。这两者,一是菩提道中心的,一是解脱道中心的;一重缘起的寂灭,一重缘起的生灭。从释尊的本教看,可说各得佛法的一体。这是第二期的教典。

　　佛教在不断的发展中,大乘佛教的高扬,普遍到全印。佛教界思想的交流,渐倾向于综贯折中,但经式与论式的文体还是存在的。起初,立足于《般若》性空的南方(曾来北方修学)学者龙树,深入《阿含经》与古典"阿毗昙",作《中论》等,发挥中道的缘起性空说,肯定地说法空是《阿含经》本义,即缘起法的深义,在三乘共空的立场,贯通了大乘与小乘,说有与说空。迟一些(约西元四世纪初),立足于缘起法相有的北方学者弥勒,也同样的尊重《阿含经》。他的思想由他的弟子无著编集为《瑜伽师地论》。这是从说一切有系的思想中,接受大乘空义而综贯、解说它。龙树、弥勒都受有北方佛教的影响,所以都编集为论典。当时继承空相应大乘经学风的学者,思想转入真常不空的唯心论,形而上的佛性本有论,又传出不少经典,如《胜鬘经》、《无上依经》、《大般涅槃经》、《金光明经》、《楞伽经》等。无著与弟子们,在这真常唯心的思潮中,著有大量的唯识论,与真常唯心的经义多少差别,所以古人称之为"唯心"与"唯识",或"真心"与"妄心"。这第三期的佛教圣典,是笈多王朝梵文复兴时代的作品,有南北佛教的特长,所以宏伟而精严。不过真常唯心的契经,融摄世俗的方便更多,与印度教更接近。再下去,佛教要演变为印度教化的秘密大乘了。

教典的语文

　　佛教的学派分化,与区域文化有关。不同地方的信徒,使用不同的语言文字;在这区域文化的熏染中,引起学派的分裂。释尊的教化,适应不同民族、一切种姓,可能是采用多种语言的。释尊曾受过雅利安式的教育,他到恒河上流的拘罗地方去弘法,使用雅语,是很有可能的。但佛教为东方新兴的宗教,释迦族从东方来,与恒河北岸的民族为友族,多用近于巴利语的东方流行语。如锡兰佛教徒所说:佛用摩竭陀的方言,即流传于海南佛教国的巴利语,依近代的考究,是不可信的。说到雅语——梵语,印欧族的雅利安人深入到各地,他们的原始用语——吠陀语,随时、随地,为了与非雅利安人杂处等原因,有多少变化。佛世前后,婆罗门教学者根据吠陀以来的语法,整理出一种雅利安人的标准语文,称为雅语,这是经过人工精制成的。这正在整理完成中的雅语,难于相信是释尊常用说法的语言。属于雅利安族的比丘们,确乎想把佛法一律雅语化,然而被释尊拒绝了。巴利律《小品》(五)说:“有婆罗门兄弟二人出家,本习善语(雅语)。白世尊曰:今此比丘众,异名、异姓、异生、异族而来出家,各以俗语污损佛说。愿听我等以阐陀(合于韵律的雅言)达佛说。佛呵曰:不应以阐陀达佛说,听随国俗言音诵习佛说。”《五分律》(卷二六)、《四分律》(卷五二),也有此记载。一律雅语化,显然是释尊所反对的。但随国俗言音诵经,雅利安族的信众也不妨使用他们自己的语言。总之,释尊时代的佛教界,使用的语言并不一律。如南方阿槃提国的亿耳来见佛,他用阿槃提语诵《义品》,释尊称赞他"不增不减,不坏经法,音声清好,章句次第了了可解"(《四分律》卷三九)。阿槃提是摩诃迦旃延的教化区,他用阿槃提语"细声诵法",释尊的时代已如此了。

第一结集在王舍城,第二结集在毗舍离,地点都在东方,结集的成文圣典,有以为是采用东方流行语的;阿恕迦王时代,传到锡兰的巴利语圣典,就是出于这一语系的。然而结集的用语,并没有使佛教的用语统一,还是随国俗方言诵习佛说的。阿恕迦王时,佛教的"破散大众,凡有四种"(《部执异论》)。依调伏天等解说,当时佛弟子用四种语言诵戒,所以分为四派:一切有部用雅语,大众部用俗语,正量部即犊子系的盛行学派用杂语,上座部用鬼语。因语言不同而引起的不同学派,其中即有大乘佛教所从出的。大乘佛教的开拓者,并非使用纯正的雅语,是一种仿雅语的俗语,称为阿布兰迦语的。纯正的雅语学者,并不把它当作雅语。阿布兰迦语与雅语的文法有许多不同,也有古吠陀语、巴利语语法的语尾变化等交杂。此种语言,本为大众系所用的。尼泊尔发现的——大众系的说出世部的《大事》,即是此种语文的散文体。尼泊尔发现的《法华经》、《悲华经》、《华严经》的《十地品》、《入法界品》等大乘经的偈颂部分,也是用这种语写的。西藏传说:南印度大众系的案达罗学派用方言记录经文,其中有大乘经,应该就是这种文字。如《法华》、《华严》、《悲华》等大乘经的散文,也是俗语的,但混杂有雅语;雅语部分,或许是补充的。大乘经中本来传说一种四十二字母的文字,第一是阿字,最后是荼字,与摩多体文的雅语不同。《华严经·入法界品》说:达罗毗荼(南印的非雅利安人)的弥伽医师,传授此种文字。《般若经》的《摩诃衍品》、《大集经》的《陀罗尼自在王品》,都说到这种字母。这是东方系的佛教向南发展后所用的南方流行语。上面说到亿耳细声诵的阿槃地语,应该就是此种语。传说摩诃迦旃延到摩诃剌陀——阿槃地以南,开创多闻分别部。摩诃迦旃延的鲲勒论,即大众系所用的,龙树还说它盛行南天竺。分别说系中的昙无德部,也是发展到阿槃提——即阿波兰多迦的。昙无德部的《四分律》(卷一一)说:"字义者,二人共诵,不前不后,阿罗波遮那。"阿罗波遮那,即四十二字的前五字。这可见分别说系发展在南方大陆的,也采用这种语。所以知道,佛教的用语本来不一致,摩竭陀王朝时代,以巴利语的声闻佛教为主。大众系与上座的分别说系发展到南方的,使用南方流行的阿布兰迦语;比较巴利语要接近雅语一点,实在还是方言的一种。初期空相应的大乘经,本从大众分别说系的《杂藏》(亿耳所诵的《义品》也属于《杂藏》)中孕育出来,所以也采取阿布兰迦语。这是案达罗王朝盛行的佛教,以菩萨道为主的。西北方的说一切有系,是用雅语的;犊子系的用语待考。笈多王朝前后,婆罗门教复兴,西方流行的雅语广泛地使用到各方。真常唯心与秘密经轨,后代论师的作品,才多使用纯正的雅语,但也有用各地方言的,这是佛灭五六世纪以后的事了。欧美学者依现在情形,分佛教为南传巴利语的小乘、北传梵语的大乘。在印度佛教史上看,大乘佛教实从南印的俗语中出来。

　　代表三个时代的三大语系的佛教，都是印度本土的佛教。佛教弘传到各地，转译的文字更多。到现在，完整而起着重大作用的，也有三大系：一、流行于锡兰、缅甸、暹罗的巴利文系：这是上座分别说系所传的，称为铜鍱部的圣典，属于声闻三藏。二、流行于中国康、藏、青、蒙的藏文系：十二世纪时才开始翻译，正当印度后期的雅语佛教时代，所以偏重大乘，特别是密教的经轨。初期的声闻藏，译得最少；译出的，也是雅语系的。三、流行于中国内地及朝鲜、日本的汉文系：从东汉末到汴宋初（以后还有少许），经九百年的长期翻译，成为五千卷的大藏。初由西域的介绍而来，所以早期的译典与西域佛教有深切的关系。属于声闻藏的，虽没有完整的某一派的三藏，但各学派的都译出一部分，总合起来，比巴利三藏的内容更丰富；在学派的比较上，有它的价值。第二期的大乘经传译得很完备，这十九是汉、魏、两晋的译品。南北朝以下，雅语后期佛教的佛典，也有丰富的传译。比起藏文系来，十二世纪以后的大乘论、密教经轨，缺得不少。现存三大文系的佛教，巴利文系代表初期，藏文系代表后期，汉文系的特色在中期。

第三章　有情——人类为本的佛法

第一节　佛法从有情说起

有情的定义

凡宗教和哲学,都有其根本的立场;认识了这个立场,即不难把握其思想的重心。佛法以有情为中心、为根本的,如不从有情着眼,而从宇宙或社会说起,从物质或精神说起,都不能把握佛法的真义。

梵语"萨埵",译为有情。情,古人解说为情爱或情识;有情爱或有情识的,即有精神活动者,与世俗所说的动物相近。萨埵为印度旧有名词,如数论师自性的三德——萨埵、剌阇、答摩中,即有此萨埵。数论的三德,与中国的阴阳相似,可从多方面解说。如约心理说,萨埵是情;约动静说,萨埵是动;约明暗说,萨埵是光明。由此,可见萨埵是象征情感、光明、活动的。约此以说有精神活动的有情,即热情奔放而为生命之流者。《般若经》说萨埵为"大心"、"快心"、"勇心"、"如金刚心",也是说他是强有力的坚决不断的努力者。小如蝼蚁,大至人类,以及一切有情,都时刻在情本的生命狂流中。有情以此情爱或情识为本,由于冲动的非理性,以及对于环境与自我的爱好,故不容易解脱系缚而实现无累的自在。

有情为问题的根本

世间的一切学术——教育、经济、政治、法律,及科学的声光电化,无一不与有情相关,无一不为有情而出现人间,无一不是对有情的存在。如离开有情,一切就无从说起。所以世间问题虽多,根本为有情自身。也就因此,释尊单刀直入地从有情自体去观察,从此揭开人生的奥秘。

有情——人生是充满种种苦迫缺陷的。为了离苦得乐,发为种种活动、种种文化,解除它或改善它。苦事很多,佛法把它归纳为七苦;如从所对的环境说,可以分为三类:

生苦、老苦、病苦、死苦————对于身心的苦

爱别离苦、怨憎会苦————对于社会的苦

所求不得苦————对于自然的苦

生、老、病、死,是有情对于身心演变而发生的痛苦。为了解免这些,世间有医药、卫生、体育、优生等学术事业。生等四苦,是人生大事,人人避免不了的事实。爱别离、怨憎会,是有情对于有情(人对社会)离合所生的。人是社会的,必然与人发生关系。如情感亲好的眷属朋友,要分别或死亡,即不免爱别离苦。如仇敌相见,怨恶共住,即发生怨憎会苦。这都是世间事实;政治、法律等也多是为此而创立的。所求不得苦,从有情对于物欲

的得失而发生。生在世间，衣食住行等资生物，没有固然苦痛，有了也常感困难，这是求不得苦。《义品》说："趣求诸欲人，常起于希望，所欲若不遂，恼坏如箭中。"这是求不得苦的解说。

还有说得更具体的，如《中含·苦阴经》说："随其技术以自存活，或作田业，……或奉事王。……作如是业求图钱财，……若不得钱财者，便生忧苦愁戚懊恼。……若得钱财者，彼便爱惜守护密藏。……亡失，彼便生忧苦愁戚懊恼。……以欲为本故，母共子诤，子共母诤，父子、兄弟、姊妹亲族展转共诤。……以欲为本故，王王共诤，梵志梵志共诤，居士居士共诤，民民共诤，国国共诤；彼因斗诤共相憎故，以种种器仗转相加害，或以拳叉、石掷，或以杖打、刀斫。"为了解决这些，世间提倡增加生产、革新经济制度等，但世间的一切学理、制度，技术，虽能解除少分，而终究是不能彻底的。如世界能得合理的和平，关于资生的物资，可能部分解决。但有情的个性不同，体格、兴趣、知识等不同，爱别、怨会等苦是难于解免的。至于生死等苦，更谈不上解决。一般人但能俯首忍受，或者装作不成问题。世间离苦得乐的方法，每每是旧问题还没解决，新问题又层出不穷，总是扶得东来西又倒！这是由于枝末的而不是根本的。如从根本论究起来，释尊总结七苦为："略说五蕴炽盛苦。"此即是说：有情的发生众苦，问题在于有情（五蕴为有情的蕴素）本身。有此五蕴，而五蕴又炽然如火，这所以苦海无边。要解除痛苦，必须对此五蕴和合的有情，给予合理的解脱才行。所以佛法对于生产的增加、政治的革新等，虽也认为确要，但根本而彻底的解脱，非着重于对有情自身的反省、体察不可。

进一步说：有情为了解决痛苦，所以不断地运用思想，思想本是为人类解决问题的。在种种思想中，穷究根本的思想理路，即是哲学。但世间的哲学，或从客观存在的立场出发，客观的存在，对于他们是毫无疑问的。如印度的顺世论者，以世界甚至精神都是地水火风四大所组成；又如中国的五行说等。他们都忽略本身，直从外界去把握真实。这一倾向的结果，不是落于唯物论，即落于神秘的客观实在论。另一些人，重视内心，以此为一切的根本；或重视认识，想从认识问题的解决中去把握真理。这种倾向，即会产生唯心论及认识论。依佛法，离此二边说中道，直从有情的体认出发，到达对于有情的存在。有情自体，是物质与精神的缘成体。外界与内心的活动，一切要从有情的存在中去把握。以有情为本，外界与内心的活动，才能确定其存在与意义。

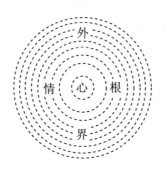

有情为物质与精神的和合，所以佛法不偏于物质，也不应偏于精神；不从形而上学或认识论出发，而应以现实经验的有情为本。佛法以为一切是为有情而存在，应首先对于有情为彻底的体认，观察他来自何处，去向何方？有情到底是什么？他的特性与活动的形态又如何？不但体认有情是什么，还要从体认中知道应该如何建立正确的人生观。

探究人生意义而到达深处，即是宗教。世界的宗教，各种各样的，含义也大有出入。但有一共同点，即人类苦于外来——自然、社会以及自己身心的层层压制，又不能不依赖他、爱好他；感到自己的缺陷、渺小，而又自信自尊，想超越他、制用他。有情在这样的活动中，从依赖感与超越感，露出有情的意向，成为理想的归依者。宗教于人生，从过去到现在，都是很重要的。不过一般的宗教，无论是自然宗教、社会宗教、自我宗教，都偏于依赖感。自己意向客观化，与所依赖者为幻想的统一，成为外在的神。因此有人说，宗教是必然有神的。他们每以为人有从神分出的质素，这即是我们的自我、心或灵魂。如基督教说：人的灵是从上帝那里来的。中国也说：天命之谓性。藉此一点性灵，即可与神接近或合一。他们又说：人的缺陷罪恶，是无法补救的，惟有依赖神，以虔诚的信仰，接受神的恩赐，才有希望。所以一般宗教，在有情以外，幻想自然的精神的神，作为自己的归依处，想依赖他而得超脱现实的苦迫。这样的宗教，是幻想的、他力的。佛教就不然，是宗教，又是无神论。佛说：有情的一切，由有情的思想行为而决定。佛教的归依向上、向究竟，即凭有情自己合法则的思想与行为，从契合一切法的因果事理中，净化自己，圆成自己。所以归依法，即以因果事理的真相为依归。归依佛与归依僧，佛与僧即人类契合真理——法而完成自己的觉者；归依即对于觉者的景仰，并非依赖外在的神。佛法是自力的，从自己的信仰、智慧、行为中，达到人生的圆成。佛法与一般宗教的不同，即否定外在的神，重视自力的净化，这所以非从有情自己说起不可。

第二节　莫辜负此人身

人在有情界的地位

有精神作用的一切有情,佛经分为五趣——天、人、畜生、饿鬼、地狱。此五类,即世间的存在者,有高级的,有低级的。在我们所住的世间,有人、有畜生、也有鬼。畜生,如空中的飞鸟,水中的鱼龙,地上的走兽。有无足的,两足的,四足的,多足的;有一栖的,两栖的,三栖的种种。也称为傍生,即一切禽兽、虫鱼的总称。鬼,常人虽不易见到,但是住在此世间的。人类对于鬼的确信,或由于梦见死亡的眷属,或由于疫病及病人的所见所闻,或由于跳神扶乩等神秘现象。其中最主要的,为见到死亡者的孤苦饥渴,如《易》所说的"游魂为变"。这虽有无财、少财、多财——如血食之神的差别,从饥渴苦迫得名,常称之为饿鬼。传说唯有生在饿鬼中,才会享受儿孙的祭祀。这是有情的一类,与中国"人死为鬼"的思想不同。比人高一级的是天,天中也有高级与低级的。低级的天,是鬼、畜中有大福报者,如四王天中的毗楼博叉,是龙王,是畜生;毗沙门是夜叉,是鬼。四王天以上的帝释天,才是人身的;但为帝释守卫的,也还是鬼、畜之类。比人间低一级的,是地狱。地狱为各宗教所共同承认的。佛经说主要是八热地狱,基督教也说地狱中是火。佛经与《旧约》都有"现身入地狱"的记事:大地裂开,人为从地涌出的火焰所笼罩,坠入地心。地狱在地下,即地球中心,地心确是火热的。经上又说有八寒地狱,或与南北极有关。总之,是比人间更苦的,有从人身也有从鬼畜而下堕的。五趣有情的高下分布,是这样:

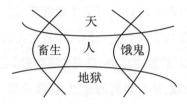

依此图,可知人在五趣中,位居中央。上有快乐的天堂,下是极苦的地狱;两旁是畜生与饿鬼,虽在此人间,但远不及人类。五趣各是有情的一类,而人为五趣的中心,为有情上升下堕的机纽。此人本的有情观,与中国一般的鬼本论非常不同。

人类的特胜

五趣中,平常以为天上最好,地狱最苦,这是一般宗教的传统见识。怕堕地狱,求生天国,是他们共同的要求。佛法独到的见地,却以为人间最好。这因为一切有情中,地狱有寒热苦,几乎有苦无乐;畜生有残杀苦,饿鬼有饥渴苦,也是苦多于乐;天上的享受虽比人类好,但只是庸俗的、自私的,那种物质欲乐、精神定乐的陶醉,结果是堕落。所以人间最好,经中常说"人身难得"的名言。《增含·等见品》说:某"天"五衰相现——将死时,有"天"劝他说:你应求生善趣的人间。人间有什么值得诸天崇仰呢? 经上接着说:"诸佛世尊皆出人间,非由天而得也。"这即是说:诸佛皆在人间成佛,所以人为天的善趣,值得天神的仰慕。

成佛,是体悟真理,实现自由。佛陀说法,即是宣扬此真理与自由之光。真理与自由，是天国所没有的，有的只是物欲与定乐。诸天是享乐主义者，不能警觉世间的苦难，不能策发向上，所以惟有堕落，不能获得真理与自由。释尊曾说："我今亦是人数。"（《增含·四意断品》）这可见体现真理而解脱成佛，不是什么神鬼或天使，是由人修行成就的。惟有生在人间，才能禀受佛法，体悟真理而得正觉的自在，这是《阿含经》的深义。我们如不但为了追求五欲，还有更高的理想，提高道德，发展智慧，完成自由，那就惟有在人间才有可能，所以说"人身难得"。

佛陀何以必须出在人间？人间有什么特胜？这可以分为四点来说：一、环境：天上太乐，畜生、饿鬼、地狱——三途太苦。太乐了容易堕落，太苦了也无力追求真理与自由。人间也有近于这两边的形态：如生活宽裕、遗产丰富的，由于物质的过分享受，穷奢极欲，每每泪没自己，弄到堕落而后已。反之，太贫苦了，由于生活的逼迫，为衣食等所苦，或作杀盗等恶业，少有机会能从事学问，追求真理与自由。苦乐均调的人间，尚有此种现象，何况极乐的天堂、极苦的地狱！经上说：帝释天为了佛法，特来世间禀受，但他在享受五欲时，竟然完全忘记了。太乐太苦，均不易受行佛法，唯有苦乐参半的人间，知苦而能厌苦，有时间去考虑参究，才是体悟真理与实现自由的道场。二、惭愧：《增含·惭愧品》说："以其世间有此二法，……不与六畜共同。"这是人畜的差别处。人趣有惭愧心，惭愧是自顾不足，要求改善的向上心；依于尊重真理——法，尊重自己，尊重世间的法制公意，向"轻拒暴恶"、"崇重贤善"而前进。这是道德的向上心，能息除烦恼众恶的动力，为人类所以为人的特色之一。三、智慧：三恶趣是缺少智慧的,都依赖生得的本能而动作。人却能从经验的记忆中,启发抉择、量度等慧力,能设法解决问题。不但有世俗智,相对地改善环境、身心,而且有更高的智慧,探求人生的秘奥,到达彻底的解脱。人间的环境,苦乐兼半,可以从经验中发挥出高尚的智慧。如不粗不细的石头,能磨出锋利的刀剑一样。

四、坚忍:我们这个世界,叫娑婆世界,娑婆即堪忍的意思。这世间的人,能忍受极大的苦难,为了达到某一目的,牺牲在所不惜,非达到目的不可。这虽也可以应用于作恶,但如以佛法引导,使之趋向自利利他的善业,即可难行能行,难忍能忍,直达圆满至善的境地。这四者,环境是从人的环境说;后三者,是从人的特性说。《婆沙论》解说人为"止息意"、"忍"、"末奴沙"三义;《起世经》等说"勇猛"、"忆念"、"梵行"三事的胜于天上,与今所说的三者相同。

> 惭愧——止息意——梵行胜
>
> 智慧——末奴沙——忆念胜
>
> 坚忍——忍———勇猛胜

这样,诸佛皆出人间成佛,开演教化,使人类同得正觉。佛法不属于三途,也不属于诸天,惟有人类才是佛法的住持者、修学者。人生如此优胜,难得生在人间,又遇到佛法,应怎样尽量发挥人的特长,依佛陀所开示的方法前进。在没有完成正觉的解脱以前,必须保持此优良的人身。若不能保持,因恶行而堕入三途,或受神教定乐所蒙惑,误向天趣——长寿天是八难之一,那可以说是辜负了人身,"如入宝山空手回"!

第四章 有情与有情的身心

第一节 有情的分析

三 处 观

佛法以有情为本,那就应该认识有情是什么。佛常用"三处观"去观察有情,分别有情的真相。但有情的分别观察,要从有情的流转相续中与身心的相依中去考察,不可为静止的、孤立的机械分析。有情是有机的活动者,如当作静止、孤立的去考察,就会发生错误,误解佛陀观察的深意。论到三处观,即五蕴观、六处观、六界观。蕴处界的分别观察,是从不同的立场去分别,看到有情的各个侧面。蕴观,详于心理的分析;处观,详于生理的分析;界观,详于物理的分析。依不同的立场而观有情自体,即成立此三种观门,三者并不是截然不同的。蕴中的色蕴,界中的地水火风,可通于非执受的自然界。六处虽专为有情身心的分析,但从六处而发识缘境,即由此说到内心外界的一切。这有情中心论的观察,都说到了心与色,即证明了有情是色心平等和合相应的存在者,不能偏重于物质或精神。

蕴　观

　　蕴,是积聚义,即同类相聚。如《杂含》(卷二·五五经)说:"所有诸色,若过去,若未来,若现在;若内,若外;若粗,若细;若好,若丑;若远,若近:彼一切总说色阴。"——阴即蕴的异译。佛以慧眼观有情,归纳有情的蕴素为五聚,即五蕴——色、受、想、行、识。这五者,约情识的能识、所识而分。所识知中,有外界的山河大地等,有自己的身体,即是色蕴。色的定义为"变碍",如《杂含》(卷二·四六经)说:"可碍可分,是名色。"有体积而占有空间,所以有触碍;由于触对变异,所以可分析:这与近人所说的物质相同。眼、耳、鼻、舌、身、色、声、香、味、触等都是。除形质的色蕴外,内在的精神活动,这也是情识所识的,可分为三:一、受蕴:受的定义是"领纳",即领略境界而受纳于心的,是有情的情绪作用。如领境而适合于自己身心的,即引起喜乐;如不合意的,即感到苦痛或忧愁。二、想蕴:想的定义为"取像",即是认识作用。认识境界时,心即摄取境相而现为心象;由此表象作用,构成概念,进而安立种种名言。三、行蕴:行的定义是"造作",主要是"思"心所,即意志作用。对境而引生内心,经心思的审虑、决断,出以动身、发语的行为。分析内心的心理活动,有此三类,与普通心理学所说的感情、知识、意志相似。但这三者是必然相应的,从作用而加以相对的分类,并不能机械地划分。为什么这三者属于所识知呢? 这三者是内心对境所起的活动形态,虽是能识,但也是所觉识的,在反省的观察时,才发现这相对差别的心态。如直从能识说，即是识蕴。识是明了识别，从能知得名。常人及神教者所神秘化的有情，经佛陀的慧眼观察起来，仅是情识的能知、所知，仅是物质与精神的总和；离此经验的能所心物的相依共存活动，没有有情的实体可得。

　　五蕴说的安立，由"四识住"而来。佛常说有情由四识住，四识住即是有情的情识，在色上贪著——住，或于情绪上、认识上、意志上起贪著，执我执我所，所以系缚而流转生死。如离此四而不再贪著，即"识不住东方南西北方四维上下，除欲、见法、涅槃"（《杂含》卷三·六四经）。综合此四识住的能住所住，即是五蕴，这即是有情的一切。

处　观

　　处，是生长门的意义，约引生认识作用立名。有情的认识作用不能独存，要依于因缘。引发认识的有力因素——增上缘，即有情根身的和合体：眼根、耳根、鼻根、舌根、身根、意根。此六者的和合，即有情自体；为生识的有力因，所以名之为处。六处是介于对象的所识与内心的能识中间的官能，有眼方能见色——此色为眼所见的，与色蕴的色，含义不同；有耳方能闻声……。有六根，所以对根的境界，也就分为色、声、香、味、触、法——六境，为生识的所缘缘。有所知与能知，而此二者皆以六处为中心；如没有六处，能识与所识失去联络，也就不能成为认识。由六处而引发六识，才能分别境界。六处为认识的重要根源，所以随六处而分识为眼识、耳识、鼻识、舌识、身识、意识。由于六根门，所以有六尘——外六处、六识。继之而引起的心理作用，也就分为六触、六受、六想、六思、六爱等。这都从认识的来路——根门不同，加以种种的分别。此六处法门，如《杂含》（卷八·二一四经）说："二因缘生识。何等为二？谓眼、色，耳、声，鼻、香，舌、味，身、触，意、法。……眼、色因缘生眼识；……此三法和合触，触已受，受已思，思已想。"六处中的前五处，为生理机构，是色法。此色，经中称为"清净色"，是物质中极精妙而不可以肉眼见的细色，近于近人所说的视神经等。意处是精神的源泉。依五处发前五识，能见五尘；依意处生意识，能知受、想、行——别法处，也能遍知过去未来，假实等一切法。我们的认识活动，根源于六处，而六处即有情的一切，所以佛陀常说六处法门。如合此六处及色等六境，即名十二处，为后代论师所重的。但佛世重于内六处，如律说"不得过五语六语"，即是一例。而"阴界六入"——入即处的异译，为《阿含》及大乘经中常见的成语。佛陀的处观，本是从有情中心的立场，再进而说明内心与外境的。

界　观

界，即地、水、火、风、空、识——六界。界有"特性"的意义，古译为"持"，即一般说的"自相不失"。由于特性与特性的共同，此界又被转释为"通性"。如水有水的特性，火有火的特性，即分为水界、火界。此水与彼水的特性相同，所以水界即等于水类的别名。此六界，无论为通性，为特性，都是构成有情自体的因素，一切有情所不可缺的，所以界又被解说为"因性"。

地、水、火、风四界，为物质的四种特性。《杂含》(卷三·六一经)说："所有色，彼一切四大及四大所造色。"一切物质，不外乎四大界及四大所造的五根、五尘。四大说，印度早就盛行，希腊也有。佛陀既采用四大为物质的特性、因素，应略为解说。地、水、火、风，为世间极普遍而作用又极大的，所以也称为四大。人类重视此常识的四大，进而推究此四大的特殊性能，理会到是任何物质所不可缺的，所以称为能造。这辨析推论所得的能造四大，为一般物质——色所不可缺的，所以说"四大不离"。地即物质的坚性，作用是任持；水即物质的湿性，作用为摄聚；火即物质的暖性，作用为熟变；风为物质的动性，作用为轻动。随拈一物，莫不有此四大的性能，没有即不成为物质。地与风相对，水与火相对。地以任持为用，因为它有坚定的特性。如桌子的能安放书物，即因桌子的体积在因缘和合中有相当的安定性(有限度的，超过限度即变动)，能维持固定的形态。坚定的反面，即轻动性。如物质而没有轻动的性能，那永不会有变动的可能。地是物质的静性，风是动性，为物质的两大特性。水有摄聚的作用，如离散的灰土，水分能使之成团。物质的集成某一形态，也要有此凝聚的性能；摄引、凝聚，即是水界。火的作用是熟变，如人身有温暖，可以消化食物；一切固定物的动变，都由熟变力，使它融解或分化。水是凝聚的、向心的功能；火是分化的、离心的功能，这又是物质的两性。四大是相互依存而不相离的，是从它的稳定、流动、凝合、分化过程中所看出来的。从凝摄而成坚定,从分化而成动乱;动乱而又凝合,坚定而又分化;一切物质在这样不断的过程中,这是物质通遍的特性,为物质成为物质的因素。至于空界,是四大的相反的特性。物质必归于毁坏,是空;有与有间的空隙,也是空;虚空是眼所见、身所触的无碍性。凡是物质——四大的存在,即有空的存在;由于空的无碍性,一切色法才能占有而离合其间。有虚空,必有四大。依这地、水、火、风、空五大,即成为无情的器世间。若再有觉了的特性,如说"四大围空,有识在中"(《成实论》引经),即成为有情了。

第二节　有情与身心的关系

有情的神化

依佛法说:有情的生死流转,世间的苦迫纷乱,根本为"我见"在作祟。我见,即人人于自己的身心,有意无意地直觉到自我。强烈的自我感为中心,于是乎发为一切颠倒的思想与行为。此自我,在释尊时代的印度,有各式各样的名称,有各式各样的推想,成为印度文化中的核心论题。释尊即由此大彻大悟,而成为无上正觉者。

有情,即"我"的异名之一;此外更有"数取趣"、"命者"、"士夫"等。《般若经》总列为十六名。有情,即有情识者。我,即主宰——自在宰制者。数取趣,即不断的受生死者。命者,即寿命延续者。士夫,即作事者。这些,都约有情的各种现象而立名,本为世间的事实,但神秘者与庸俗者不能正见有情的真相,所以神化起来。如《杂含》(卷一〇·二七二经)说:"三见者,何等为三? 有一种见,如是如是说:命则是身。复有如是见:命异身异。又作是说:色(受、想、行、识)是我,无二无异,长存不变。"身,即身体及依身体而起的心理作用;命,即生命自体。其中第三说,即印度传统的婆罗门教。他以生命自体为"我",此我为实有的、智识的、妙乐的、常在的,为——有情的本体。此有情的"我",与宇宙本体的"梵"同一。起初,以此"我"为肉体——色的,以后发展到真我为智识的、妙乐的。依佛法说:这不外以色为我到以识为我。但婆罗门教以为此色等即真我,与真我无二无别,是真常不变的。释尊的时代,东方印度风行的新宗教,以及在此气运中完成的学派,如僧佉耶、卫世、尼犍子,都建立二元论。以为生命自体与物质世界各别,这都是命异身异的第二说。命异身异的"命者",及即色为真常我的我,即神教徒所拟想的生命自体,为生死流转中的主体,即一般所拟想的灵。当时,有一分断见的顺世论者,虽在有意无意中为实在的自我见所奴使,一切以自我为中心而企图主宰一切,但他们以为我即是身,身体为无常的、可坏的,所以我也就一死完事,无所谓后世。此三见,在现实生活中,于有情自体而直觉为有我,并无差别;不过推论此我与身的关系如何,见地多少不同而已。以有情为本的佛法,即适应此一思想潮流而出世者。释尊的正观,即于蕴、处、界作深切的观察,否定这些异见,树立无我的有情论;净化情本的有情,使成为智本的觉者。

无常相续的有情论

释尊的教说,根本反对二元的立场。有情即身心和合的假名,决无离身心的我或命者。如《杂含》(卷三·六三经)说:"若沙门婆罗门计有我,一切皆于此五受阴(五取蕴)计有我。"又(卷一三·三〇六经)说:"眼、色(意法等例)缘生眼识,三事和合触,触俱生受、想、思。此四,无色阴;眼、色(阴),此等法名为人。"又如说:"士夫六界。"这可见有情或我,即依五蕴、六处、六界而成立,没有离蕴、界、处的实我。释尊于三处观察,不但离蕴、处、界的我不可得,如婆罗门教的真我说,也评为倒想的产物。他们以为色即是我,以及识即是我,而我是常住妙乐的。释尊却说:"色无常,无常即苦,苦即非我,非我者亦非我所;如是观者,名真实正观。"(《杂含》卷一·九经)又说:"缘眼、色生眼识,三事和合触,触俱生受、想、思。此等诸法非我非常。"(《杂含》卷一一·二七三经)又说:"地(等六)界,彼一切非我有,我非彼有,亦非神也。如是慧观,知其如真。"(《中含·分别六界经》)于有情作蕴、界、处的正观时,确认为一切是无常的、苦的。非常住、非妙乐,婆罗门教的真我,即根本地否定了。佛法否定此神秘我的一元论及超物质我的二元论,即以有情为身心的和合相续者;但又不落于顺世者的断见,从念念无常的相续中,辗转相依的没有独存自体中,无我无我所,而肯定有情为假名的存在。不离蕴、处、界,不即蕴、处、界,成立生死的系缚与解脱,所以说:"虽空亦不断,虽有亦不常,业果报不失,是名佛所说。"(《中论·观业品》)有情为假名的,没有绝对的不变性、独存性——胜义无我;有相对的安定性、个体性——世俗假我,为佛观蕴、处、界的精义。

第五章　有情的延续与新生

第一节　有情的延续

一切有情皆依食住

对有情的观察,不能单是横的分析,他是生生不息地在时间长流中生活着的,所以更应作竖的观察。像一盏灯,能按时不断地加油和灯芯,它将继续不断地播放光明,成为一盏常明灯,否则就会熄灭。有情是蕴、处、界和合的生命流,不是这一期死了就结束,在因缘和会时,他将无限止地延续下去。他的无限延续,也需要加油——因缘的资养。因此,由于因缘的离散,即开显寂然无生的法门。

有情的延续如灯一样,必须不断地加进新的动力。这是什么呢?约一期生命说,即是"四食"。如《杂含》(卷一五·三七一经)说:"有四食资益众生,令得住世摄受长养。何等为四?谓一、粗抟食,二、细触食,三、意思食,四、识食。"食是资益增长的意思,等于平常说的营养,能使有情维持延长其生命,而且扩展长大。凡有资益增长作用的,都可称为食。所以《阿含经》中所说的食,并不限于四者,与因缘的含义相近。不过佛约资益有情作用最强盛的,特别地总括为四食,为后代一般论师所称引。佛曾说十句法,第一句即"一切有情皆依食住"。这是说,一切有情延续维持其生命,都要依赖于食。此一论题,有针对外道的重要意义。当时的苦行者,要求生死的解脱而没有适当的方法,仅能一味地刻苦自己,甚至一天食一麻一麦,或但服水,或专食气,苦苦地支持生命,以求得解脱物欲的拘累,而达心灵的自由。释尊在苦行时,也曾精苦到如此,等到觉悟了苦行的徒然,于是受牧女乳糜的供养,资养身心,才能于菩提树下完成正觉的解脱。苦行者讥嫌释尊的受食乳糜,怀疑释尊的正觉,所以特地说此一切有情依食而住的四食。这不但肯定了饮食的重要性,而且指出了生死延续的动力何在,怎样才能完成解脱。

四 食

一、粗抟食:应译为段食,即日常茶饭等饮食。所食的,是物质的食料,可分为多少餐次段落的,所以叫段食。要能资益增长于身心,才合于食的定义。所以服食毒品等,不能资益而反损害身心,佛法中即不称为食。有情一期生存的延续,必要有段食,特别是这欲界的人间。没有这,虽有别的资益——食,也难于生存。如入定过久,由于缺乏段食,出定时即不能支持而死亡,这可见段食对于人类的重要。以定慧的修持来说,如营养不足,身心过于衰弱,定慧也不能成就。苦行者不知适宜的段食对于生存及修养的重要性,所以会惊奇释尊的受食而得到正觉。要知道,段食不但直接地资益营养了肉体,有健康的肉体,能发生健康的精神,所以也间接资益了精神。

二、触食:触是六根发六识,认识六尘境界的触。根、境、识三者和合时所起合意的感觉,叫可意触;生起不合己意的感觉,叫不可意触。从此可意、不可意触,起乐受、苦受等。这里的触食,主要为可意触,合意触生起喜乐受,即能资益生命力,使身心健康,故触食也是维持有情延续的重要因素。"人逢喜事精神爽",有些难治的疾病,每因环境适宜、心境舒畅而得到痊愈。反之,失意、忧愁,或受意外的打击,即会憔悴生病,甚至死亡。近代的卫生学也说:乐观的心情,是身体健康不可缺的条件。又如修定的人,得到定中的喜乐内触,出定后身心轻安,虽饮食减少,睡眠减少,而身心还是一样的健康。又如按摩,可以促进身体的健康,也是触食的作用。《中含·伽弥尼经》说:"身粗色四大之种,从父母生;衣食长养,坐卧、按摩、澡浴、强忍……"这坐卧、按摩、澡浴、强忍等,说明了触对于有情资养的功用。即使是不可意触,如运动的感受疲劳等,也可以为食的,所以《杂含》(卷一五·三七三)说:"触食断知者,三受则断。"

三、意思食:意思是意欲思愿,即思心所相应的意欲。意思愿欲,于有情的延续有强大的作用。心理学者说:一个人假使不再有丝毫的希望,此人决无法生活下去。有希望,这才资益身心,使他振作起来,维持下去。像临死的人,每为了盼望亲人的到来,又延续了一些时间的生命,所以意思也成为有情的食。

四、识食:识指"有取识",即执取身心的、与染爱相应的识。识有维持生命延续、帮助身心发展的力量。"识缘名色",为佛法中重要的教义，如《长含·大缘方便经》所说。经中佛对阿难说：人在最初托胎的时候，有"有取识"。父母和合时，有取识即摄赤白二渧，成为有机体的生命而展开。"若识不入母胎者，有名色否？答曰：无也。""名色"，指有情的身心自体。这个自体，由于识的执取资益，才在胎中渐次增长起来，而出胎，而长大成人。所以经说："若识出胎，婴孩坏败，名色得增长否？答曰：无也。"此识的执取，直到死亡的前刹那，还不能暂离。假使一旦停止其执取的作用，一期生命即宣告结束，肉体即成为死尸。所以佛说："阿难！我以是缘，知名色由识，缘识有名色。"有取识对于有情资益延续的力用，是何等的重要！

四食，是佛陀深细观察而揭示的，都是人世间明白的事实。四食不但有关于现在一期生命的延续，即未来生命的延续，也有赖于意思食与识食来再创。如人类总是希望生存，愿意长此延续下去。这种思愿的希欲，虽或是极微细的，下意识的，不必经常显著表现的，但实在是非常的坚强热烈。到临死，生命无法维持时，还希图存在，希图未来的存在。一切宗教的来生说、永生天国说，都是依着这种人类的共欲——"后有爱"而成立的。有情的生死相续，即依此爱相应的思愿所再创，所以说："五受阴是本行所作，本所思愿。"（《杂含》卷一〇·二六〇经）同时，有取识即与取相应的识，在没有离欲前，它是不会停止执取的。舍弃了这一身心，立刻又重新执取另一身心，这即是入胎识的执取赤白二渧为自体。如猕猴的跳树，放了这一枝，马上抓住另一枝。此有取识的执持，是"揽他为己"的，即爱著此自体，融摄此自体，以此为自，成为身心统一而灵活的个体。对于有情身心的和合相续，起着特殊的作用。现代的学说,于维持一期生命的条件,前三食都已说到,但对于意思食的资益未来、识食的执取,还少能说明。

人类的生存欲——思食,以个体生存为中心。深刻而永久的生存欲,即"后有爱"。又要求扩大永续的生存,即种族繁衍的思愿。小自家庭,大至国族,人都希望自家自族的繁衍永续;不但人类,即小至蝼蚁,也还是如此。这种族生存的延续欲,表现于有情与有情间的辗转关系中。佛法以人类为本,但并不专限于人类的说明,普遍到一切有情。低级的有情,有些是不必有父母子女同在的关系,所以虽有种族延续的事实,而都由本能的繁殖,常缺乏明确的种族意识。人类可不然,幼弱时期很长,须赖家庭父母的抚养;生存的需要复杂,须赖同族类的保护与互助,所以种族延续的意欲也特别强烈。这延续种族生命的动力,即摄于意思食。

第二节　有情的出生

四　生

有情是生死死生,生生不已的。一旦"本有"的生命结束,即转为另一新生命——"后有"的创生。从一切有情新生长育的形态去分别起来,可分为四类,即胎、卵、湿、化——四生。胎生,如人、牛、羊等;卵生,如鸡、鸭、雀、鸽等;湿生,如虫、蚁、鱼、虾等;化生,如初人等。佛说四生,是约有情的最初出生到成长期间的形态不同而分别的。如胎生,最初的自体,必须保存在母胎中,等到身形完成,才能离母体而出生。出生后,有相当长的幼稚期,不能独立求生,要依赖生母的乳哺抚养。特别是人类,更需要父母师长的教养,才渐渐地学会语言、知识、技能。卵生即不同,离开母体时,还不是完成的身形,仅是一个卵。须经一番保护孵化——现在也有用人工的,才能脱卵壳而出。有的也需要哺养、教导,但为期不长,多有能自动地生存而成长。湿生又不同,母体生下卵以后,就置之不问,或早已死了;种子与母体,早就脱离关系。等到一定时期,自己会从卵而出,或一再蜕变,自谋生存。从有情的出生到长成,胎生与母体关系最密切,幼稚时期也长;卵生次之;湿生除了生卵以外,母子间可说没有多大关系,是最疏远的,幼稚期也极短。胎、卵、湿生的分别,就依这样的意义而成立。化生,不是昆虫化蝴蝶等化生,是说这类有情,不需要父母外缘,凭自己的生存意欲与业力,就会忽然产生出来。从生长的过程说:胎生繁复于卵生,卵生繁复于湿生,湿生繁复于化生。从产生所依的因缘说:胎生与卵生,必依赖二性和合的助缘;湿生中,即有但以自身分裂成为新的生命;化生更不需此肉体的凭借,即随业发生。依胎、卵、湿、化的次第说,化生应为有情中最低级的。但从来的传说,化生是极高的——天,也是极低的——地狱,而且还遍于鬼、畜、人三趣中。

生命的由来与化生

依佛典的记载,化生的主要证明,即"初人"在此界出现,初人是从化生而有的。这与生命的由来、新种的由来问题,有重要关系。生命或新种的从何而来? 是一普遍的难题,就是近代的科学,对它也还感到困难。如平常说的,先有蛋呢? 先有鸡? 如说先有蛋,没有鸡,哪里来的蛋,不通！如说先有鸡,没有蛋,也不会生出鸡来,同样的说不通。于是有人想像生命或新种的原始,是由于神——耶和华或梵天等。神是最先存在的,也是最后的,万有都从他而创造出来。这样,不问先有蛋,先有鸡,都是神的创造品,一切生命由来的问题都解决了。神创造万有的思想,确乎与生命起源的问题有关；因为不得解决,所以归于神的创造。但这是以先承认有这创造神为前提,渺茫而无稽的创造神,无可征验,所以神造说不能成为可信的理由。近代的科学家,出发于唯物论的信念,从人类、动物向前推,说是由植物进化成的,这样的由植物推到无生物,这才建立起从无生物而生物,从植物而动物,而至人类的进化程序。但无生物没有自觉的意识现象,怎样能进化到动物、到人类有明确的自觉意识？何以近代不见有从植物进化为动物,或从人猿进化为人的事实？于是有的学者主张创化说,以为在经常的延续中,有突变的创化,一种不经常的特殊的新生,世界有生命有新种的发现。如先有一种类似鸡的,在经常的延续中,突来个创化,产生鸡卵的新种。不承认创化,新种类的发生成为不可能；生命由来的问题,即不能圆满解决。佛时,没有哪一比丘或哪一人是化生的,说人类的化生,即约最初出现这个世间而说。佛法虽不以为心灵由于物质的派生,也不以为生命是这一世界的新品,心色是相互依存的无始存在。但据此小世界的情况说,世界初成,还没有有情,以后才有有情的发现。这最初出现的,即是化生人。所以化生应有二类：一为比湿生更低级的有情；一为五趣有情各类的最初出现。约后一意义说,前三者是经常的,化生是特殊的创化。

第六章　有情流转生死的根本

第一节　生死根本的抉择

无明与爱

有情为蕴、处、界的和合者，以四食的资益而延续者。在这和合的、相续的生死流中，有情无法解脱此苦迫，可以说有情即是苦迫。究竟有情成为苦聚的症结何在？这略有二事，如说："于无始生死，无明所盖，爱结所系，长夜轮回，不知苦之本际。"（《杂含》卷一〇·二六六经）无明与爱二者，对于有情的生死流转，无先后也无所轻重的。如生死以此二为因，解脱即成心解脱与慧解脱。但从迷悟的特点来说，迷情以情爱为系缚根本，觉者以智慧——明为解脱根本。这可以举喻来说：如眼目为布所蒙蔽，在迷宫中无法出来。从拘碍不自由说，迷宫是更亲切的阻力；如想出此迷宫，非解除蒙目布不可。这样，由于愚痴——无明，为爱染所系缚，爱染为系缚的主力；如要得解脱，非正觉不可，智慧为解脱的根本。此二者，以迷悟而显出它独特的重要性。所以迷即有情——情爱,悟即觉者。但所说生死的二本,不是说同样的生死从不同的根源而来。佛法是缘起论者,即众缘相依的共成者,生死即由此二的和合而成,所以经中说:"无明为父,贪爱为母",共成此有情的苦命儿。这二者是各有特点的,古德或以无明为前际生死根本,爱为后际生死根本;或说无明发业,爱能润生:都是偏约二者的特点而说。

我见与识

经中又有以萨迦耶见——即身见、我见为生死根本。我见为无明的内容之一。无明即不明,但不止于无所明,是有碍于智慧的迷蒙。无明属于知,是与正智相反的知。从所知的不正说,即邪见、我见等。《杂含》(卷一二·二九八经)解释无明说:"不知前际,不知后际,不知前后际;不知于内,不知于外,不知内外;不知业,不知报,不知业报;不知佛,不知法,不知僧;不知苦,不知集,不知灭,不知道;不知因,不知因所起法;不知善不善,有罪无罪,习不习,若劣若胜,染污清净;分别缘起皆悉不知。"这是从有情的缘起而论到一切的无知。但无知中最根本的,即为不能理解缘起的法性——无常性、无我性、寂灭性。从不知无常说,即常见、断见;从不知无我说,即我见、我所见;从不知寂灭说,即有见、无见。其中,我见为无明迷蒙于有情自体的特征。且以人类来说,自我的认识,含有非常的谬误。有情念念生灭,自少到老,却常是直觉自己为没有变化的。就是意味到变化,也似乎仅是形式的而非内在的。有情辗转相依,却常是直觉自己为独存的,与自然、社会无关。有情为和合相续的假我,却常是直觉自己为实在的。由此而作为理论的说明，即会产生各式各样的我见，如上面所说的三见，即是"分别"所生的。佛法以有情为本，所以无明虽遍于一切而起迷蒙，大乘学者虽为此而广观一切法无我，一切法空，而解脱生死的真慧，还要在反观自身，从离我我所见中去完成。

又有以识为生死本的，此识为"有取识"，是执取有情身心为自体的，取即爱的扩展。四谛为佛的根本教义，说生死苦因的集谛为爱。舍利弗为摩诃拘絺罗说："非黑牛系白牛，亦非白牛系黑牛，然于中间，若轭若系鞅者，是彼系缚。如是……非眼系色，非色系眼，乃至非意系法，非法系意，中间欲贪，是其系也。"（《杂含》卷九·二五〇经）这说明了自己——六处与环境间的系缚，即由于爱；"欲贪"即爱的内容之一。爱为系缚的根本，也即现生、未来一切苦迫不自在的主因。如五蕴为身心苦聚，经说"五蕴炽盛苦"，此炽然大苦的五蕴，不但是五蕴，而是"五取蕴"。所以身心本非系缚，本不因生死而成为苦迫，问题即在于爱。爱的含义极深，如胶漆一样粘连而不易摆脱的。虽以对象种种不同，而有种种形态的爱染，但主要为对于自己——身心自体的染著。爱又不仅为粘缚，而且是热烈的、迫切的、紧张的，所以称为"渴爱"、"欲爱"等。从染爱自体说，即生存意欲的根源；有此，所以称为有情。有情爱或情识，是这样的情爱。由此而紧紧地把握、追求，即名为取。这样的"有取识"，约执取名色自体而说为生死本，即等于爱为系缚的说明。

第二节　情爱的活动形态

恋旧与趋新

有情的系缚不自在，以情爱为他的特性。如能静心地省察，不难深切地体味出来。有情的爱著，必然表现于时间中。一切存在，必现为时间相；时间有前后两端，依前后两端而安立现在。经中说："于过去诸行不顾念，未来诸行不生欣乐，于现在诸行不生染著。"(《杂含》卷二九・八〇五经) 有情由于情爱的特性，所以对过去总是恋恋不舍，随时执著。此顾恋过去，不是一般的记忆，而是恋恋不舍，难以放下的。对未来，却另是一样，即时时向前追求，总觉得未来是怎样的好；总是不满于固有而要求新的，并且是无限的欲求。一面回恋过去的旧，一面又拼命追求未来的新，这二者是一大矛盾。不承受过去，不能开创未来；要开拓未来，又必然要超越过去。有情老是在这恋恋不舍的顾念、跃跃欲试的前进中。过去本有许多值不得留恋的，但有情每故意忘却，常怀念旧有的喜乐光荣，总觉得过去值得留恋。对于前途，虽不一定就是光明，光明也逃不了消逝的命运；但又觉得是好的，有希望的。这是有情的必然倾向，谁也不能否认。在此过未中间的现在，要离不离的染著，即紧紧地抱着不放。过去是幻灭了，未来还在梦中，现在就是这样的瞥尔过去。爱染不舍，到底什么是自己？什么是自己所有？由于情爱恋著于无常流变的现实，顾此执彼，所以构成大矛盾。如对于现社会，有的偏重进取,有的偏重保守。偏重进取的,不满意固有,憧憬于前途的光明。偏重保守的,以为社会进步必须保有旧有的成就,在安定的秩序中前进,混乱的前进变革不一定是光明的。两者各有所见,但由偏重于一边而住著,在经济或政治上就发生冲突的现象而争论不已。其实,这些矛盾冲突,可说是情爱的特性,为有情不能契合无常流变的事实,恋著过去或欣求未来所引起的困恼。不过,情爱表现于时间的活动中,虽顾恋过去、欣求未来、染著现在,而由于时间的必然倾向,多少侧重于未来的无限欲求。爱在三世漩流的活动中,一直向前奔放,所以经中有时特重于从现在到未来,如"四爱"所说。

逐物与离世

情爱的活动,又必然是自我的活跃于环境中。有人说:人类的一切爱,都是以男女间的性爱为根本。爱儿女、父母,爱朋友等,不过是性爱的另一姿态。然以佛法说,这是不尽然的。有情是可以没有性欲的,如欲界以上;即如一类下等动物,也仅依自体的分裂而繁殖。所以论到情爱的根本,应为"自体爱"。自体爱,是对于色心和合的有情自体,自觉或不自觉地爱著他,即深潜的生存意欲。自体爱又名我爱;这不独人类如此,即最低级的有情也有。有了我,我是"主宰",即自由支配者,所以我爱的活动,又必然爱著于境界,即我所爱。对于与自我关涉而从属于自我的欲求贪著——我所爱,或称之为"境界爱"。境界爱与自体爱,严密地说,有此必有彼,相对的分别为二(我与我所也如此),是相依共存的。有情存在于时间中,故发现为过现未的三世爱染；自体爱与境界爱，可说为有情的存在于空间中。爱著有情自体，而自体必有相对的环境，所以即以自我爱为中心而不断地向外扩展。如灯以烛焰为中心，向外放射光明，使一切外物笼罩于光明中一样。有情爱著自体，于是对关联自体的环境也爱著。如在家庭中，即认为我的家庭而乐著；我的身体，我的衣物，我的事业，我的朋友，我的国家，我的名誉，我的意见等爱著，也是境界爱。有我即有我所，这本为缘起依存的现实。由于情爱的爱著，想自主，想宰他，想使与自我有关的一切从属于我。然而自我的自由，要在我所的无限扩大中实现；不知我所关涉的愈多，自我所受的牵制愈甚，想占有外界以完成自我，结果反成为外界的奴隶。或者由于痛感我所的拘缚，想离弃我所而得自在；哪知没有我所，我即成为毫无内容的幻想，从何能得自由？从爱染出发，不能理解物我、自他、心境的缘起性，不能契合缘起事相，偏于自我或偏于外境，造成极端的神秘离世与庸俗徇物。不过这二者中，自体爱是更强的，在某种情形下，可以放弃外在的一切，力求自我的存在。有故事说：一位商人入海去采宝，遇到风浪，船与宝都丢了，仅剩他一无所有的个人。别人替他可惜，他却庆幸地说："幸得大宝未失"——人还没有淹死，这是自我爱的强烈表现。进一步，在某种情形下，只要生命不断，甚至连手足耳目都可以牺牲。就是"杀身成仁"、"舍生取义"，也是觉得这是更于自我有意义的。

此自体爱与境界爱，如约现在、未来二世说，即四爱：爱、后有爱、贪喜俱行爱、彼彼喜乐爱。前二为自体爱，后二为境界爱。第一、为染著现在有的自体爱；第二、是渴求未来永存的自体爱；

第三、是现在已得的境界爱；第四、是未来欲得的境界爱。此四爱，即自体爱与境界爱而表现于现在、未来的形式中。

存在与否定

平常以为爱著只是占有的恋著，实则爱的意义极深，不但是如此的。经中常说有三爱：欲爱、有爱、无有爱。"欲"即五欲——色、声、香、味、触欲；对此五尘的贪爱和追求，是欲爱。贪著物质境界的美好，如饮食要求滋味，形式贪求美观，乃至男女的性爱，也是欲爱之一，这是属于境界爱的。"有"即存在，佛法以有情为本，所以每称有情的存在为有。如三有：欲有、色有、无色有。四有：生有、本有、死有、中有。有爱，即于有情自体起爱，即自体爱。无有爱，此"无有"极难解，近人所以或解说为繁荣欲。这仍应依古代的解说，即否定自我的爱。凡是缘起的存在，必有它相对的矛盾性，情爱也不能例外。对于贪爱的五欲，久之又生厌恶；对于自己身心的存在，有时觉得可爱而热恋他，有时又觉得讨厌。这如印度的一般外道大都如此，觉得生活的苦恼、身心的难以调治，因此企图摆脱而求出离。中国的老子，也有"吾有大患，为吾有身"的见解。这还是爱的变相，还是以爱为动力；这样的出世观，还是自缚而不能得彻底的解脱。这三爱，经中又曾说为三求：欲求、有求、梵行求。梵行求，即是修远离行，以图否定存在的爱求。

有人说：佛法是否定生命——反人生的。这是对的，也是不对。如西洋某哲学家说："道德的目的，在于不道德。"这不道德，并不是杀人放火等恶行，是说：道德的究极目的，在使人到达超越一般的道德。佛法说了生死,说无生,也是如此。一般的人生,爱染是它的特性,是不完善的。情本的有情,含有不可避免的痛苦,有不可调治的缺陷,故应透视它、超脱它。佛法的体察有情无我无我所,不但离有爱,也要离无有爱。所以佛法说无生,不是自杀,不是消灭人生,是彻底地洗革染爱为本的人生,改造为正智为本的无缺陷的人生。这样,无生不但无此生,更要无此不生。如龙树的解说无生,即生、无生等五句皆绝。如佛与阿罗汉等,即是实现了情爱的超越,得到自由解脱的无生者。

第七章　关于有情流转的业力

第一节　行业的发见与价值

业 与 行

有情的流转生死，与业有深切的关系。业的梵语为"羯磨"，本为"作事"的意思。如僧团中关于僧事的处理，都称为羯磨。但从《奥义书》以来，羯磨早已含有深刻的意义，被看作有情流转生死的动力。如《布利哈德奥义书》（四、四，二——五）说："人依欲而成，因欲而有意向，因意向而有业，因业而有果。"然在佛典中，汉译《杂含》虽偶而也有论到业的，如说："诸业爱无明，因积他世阴。"（卷一三·三〇七经）"有业报而无作者，此阴灭已，异阴相续。"（卷一三·三三五经）但巴利本缺。业说，为佛法应有的内容，但在佛世，似乎还没有重要的地位。这要到《中阿含》与《增一阿含》、《长阿含》，才特别发挥起来。

印度旧有的"业"说，无论为传统的一元论、新起的二元论，总是与"我"相结合的。或以业为自我所幻现的——自作，或以业为我以外的动作——他作，都相信由于业而创辟一新的环境——身心、世界，"我"即幽因于其中。释尊的正觉，即根本否定此我，所以非自作、非他作，即依中道的缘起，说明此生死的流转。如《杂含》（卷一二·三〇〇经）说："自作自觉（受），则堕常见；他作他觉，则堕断见。义说法说，离此二边，处于中道而说法，所谓此有故彼有，此起故彼起"等。浮弥尊者与外道论法，也否定自作、他作、共作、无因作，而说"世尊说：苦乐从缘起生"（《杂含》卷一四·三四三经）。这可见释尊的教说，实以缘起说明生死的流转；即从身心关涉环境——自然、社会、身心——的辗转相依、次第相续的活动中去说明。后来业力说的发扬，由于缘起支的解说而多少通俗化。

　　正觉的缘起观，一切是辗转相依、生灭相续的大活动，也可说"大用流行"。活动的一切，为无限活动过程与活动过程的形态，不断地在发生、安住、变异、消灭中推移，总名为"行"。所以说"诸行无常"。这一切行，没有不变性、主宰性的，所以说："眼（等世间诸行）空，常恒不变易法空，我（我）所空。所以者何？此性自尔。"（《杂含》卷九·二三二经）原来，行与有为、业、作（力用）等字，字根是同一的。行是正在活动着的；有为是活动所作成的；业是活动的见于事相；作是活动的力用。其中，行与有为，为佛法重要术语，尤其是行。行是世间的一切，佛法以有情为本，所以世间诸行，不外乎情爱为中心的活动，像五蕴中的行蕴，即以思心所为主。经上也说："五受阴是本行所作，本所思愿。"（《杂含》卷一〇·二六〇经）缘起支中的行支，也解说为"身行、语行、意行"，即思心所为中心的身语意的活动。从辗转相依、生灭相续的诸行中,抉出(爱俱)思心所为中心的行支、行蕴,为五蕴现起的动力。由于这是相依相续的活动,所以当下能开示无常无我的深义。后代学者每忽略行业的缘起性,从静止、孤立的观点去思考,所以通俗化的业报说,每流于肤浅!

业感说的价值

业为《奥义书》以来的新发见,曾经给人以非常的影响,一直到现在。起初,业与我相结合。到释尊,从缘起无我观中,使它净化完成,契于情理。这是沉浸于耶、回文化者所难得理解的,所以略为解说。

一、自力创造非他力:人类在环境——自然、社会、身心中,常觉到受有某种力量的限制或支配,不是自己所能转移与克服的;于是想像有大力者操纵其间,是神力、是天命等。但人类不能忍受这样的无情虐待,发出打开现实、改造未来的确信,觉得这是可能转变的,可以从自己身心——合于因果事理的努力中完成。这确信自己身心行为的价值,即达到否定神权等他力,为"人定胜天"的具体解说。人类在环境中,虽从来就在自己努力的情况下,获得自己的一切,但对于不易改转的自然现象、社会局势、身心积习,最初看作神力、魔力(魔是神的相对性)的支配,觉得可以从自己对于神、魔等的信虔、服从等中得到改善。这或者以物品去祭祀,祷告即祭祀的愿词、赞词;或者以咒术去遣召。进一步,觉得这是祭祀与咒术的力量,是自己身心虔敬动作的力量,使神与魔不能不如此。自我的业力说,即从此兴起。佛陀使业力从神秘的祭祀与咒术中解放出来,使人类合理的行为成为改善过去、开拓未来的力量。

二、机会均等非特殊：神教者根源于神的阶级性，造为人为的社会阶级。什么上帝选民，什么婆罗门、刹帝利、吠奢为再生族，强调现前社会的阶级性。佛法从业力的立场彻底反对它，认为人类的种种差别，一切为业所决定。业是在不断变迁中的，由于现生行为的善恶，种族的优胜者可能没落，劣败者可以上升。所以不否定现前的事实，但并不使现前的情况神化，看作无可挽回。

三、前途光明非绝望：从未来的要求说，人类是于未来存有光明希望的。但神教者为了配合政治优势——统治的永久起见，编别为神的子孙与不属于神的子孙。神的子孙得再生；不属于神的子孙，如印度四姓中的首陀族，没有信受神教而得再生的权利。他们是一切都完了，永久没落、幻灭！即使是基督教，能消泯此一限制，但由于神的残酷性，对于人类一期的死亡，竟宣告他永生天国与永受火狱的判决。不知人类的陷入歧途，或由于社会的恶力，或由于自己的错误，本是极为普遍的。陷入歧途甚至造成重大罪恶者，即使无力自拔，也没有不希望未来的新生。即是死了，儿孙也不安于父祖的沉沦。所以神教者的未来裁判，实充满了无情的残酷，违反人类的共同希求。佛法的业力说，以一切为有情行为价值所成。既成环境的恶劣，由于过去的错误，应从现在身心合理努力中去变革。即使是此生无力自拔，但未来的惨运，并非结局而是过程。一切有情在同趋于究竟圆满的旅程中，无论是落于地狱、饿鬼、畜生，轮回而不知出路，但终究要在自己身心的改善中，完成解脱。所以三世业感说，予人类以永不失望的光明。

四、善恶有报非怀疑：现生行为与境遇的不必一致，引起一些人对于道德律——为善得福、为恶得祸的怀疑。然而人类向上的善行，到底需要遵行，这不能不对于人生努力向上的行为价值，求得一肯定的着落。或者寄托于子孙的祸福，或者社会的治乱，或者内心的安慰与苦痛。不过，瞽瞍生舜，尧生丹朱，父子间显然没有必然的关系。而没有子女的，岂非毫无着落！社会的堕落与进步，确与我们的行为有关，但以此为行为价值的唯一归着，即不能恰当。而且，地球会毁坏，此地球的人类社会也要一切过去，我们的善行到底能有多大意义！如善行、恶行仅招致内心的安慰与苦痛，这过于虚玄！如作恶者以恶行为快心的，岂非即大可以作恶！所以人类必须行善、不可作恶的价值肯定，都不是这些所能说明的，特别是行善而遭遇不幸时，想以子孙、社会、内心来安慰，决难以满足一般的要求。这样，惟有三世业感说，能说明现在行为与遭遇的不一致。"善恶到头终有报，只争来早与来迟。"尽可尽自己的努力以向上，不必因现在遭遇而动摇为善的决心。肯定行为价值的业感说，是怎样的入情入理！

第二节　业及依业而有的轮回

业的本质

相依相续的身心活动，为有情的事实。有情的活动不已，从情爱为本的思心所引发一切活动，即是行业。《杂阿含经》反复地说到："无明覆,爱结系,得此识身。"(如卷一二·二九四经)爱结所系的爱,在缘起支中,即说为行,如说:"无明缘行,行缘识。"所以爱约我我所的染著说;思约反应环境所起的意志推行说;行与业约身口意的活动说。这本是相依共起的活动,不过从它的特性,给以不同的称呼。

行与业,指思心所引发的身心动作说,而业又是因活动所引起的势用。这或者解说为"经验的反应",或者称之为"生活的遗痕"。总之,由身心的活动而留有力用,即称为业。所以古说业有"表业"与"无表业";或说"业"与"业集"。从业的发展过程说,由于触对现境,或想前念后,思心所即从审虑、决定而发动身语的行为;在这身语动作时,当下即引起业力。这可见业是经内心与身语的相互推移而渗合了的。所以有以为业是色,但没有质碍;有以为是心,但也没有知觉。这是不能看为个体性的物质或精神,附属于身心的某部分;这是不离有情色心、不即有情色心的潜能。古来,或者因情识为有情的中枢,所以说业依于识;或者因为业从身心所引发,能引发身心,所以说依于六处。然情识与六处,从有情的别别蕴素说,而不是从有情的和合相续说。所以应该如一类学者所说:业依有情而存在。

业的类别

关于业,向来有繁广的说明,现在略说三类:一、定业不定业:故意所作的强业,必定要受某种果报的,名为定业。如《中含·思经》说:"若有故作业,我说彼必受其报。……若不故作业,我说此不必受报。"其实,必定与不必定,还在我们自己。如

《中含·盐喻经》说：即使是重大恶业，如有足够忏悔的时间——寿长，能修身、修戒、修心、修慧，重业即轻受而成为不定业。这如以多量的盐，投入长江大河，并不觉得咸苦一样。反之，如故意作恶，没有足够的时间来忏悔，不能修身、修戒、修心、修慧，那就一定受报。这如盐虽不多而投于杯水中，结果是咸苦不堪。所以不必为既成的恶业担心，尽可从善业的修习中去对治恶业。惟有不知忏悔，不知作善业，这才真正地决定了，成为定业难逃。

二、共业不共业：依自作自受的法则，自己所作所为的，当然由自己负责。但人类生于自他共存的社会，一举一动、一言一语，都直接间接的与他有关。对他有利或有害的行业，影响自己，也影响到他人。从影响本身说，即不共业；从影响他人说，即是共业。个人的不共业，同类相摄，异类相拒，业用在不断的熏增或削弱中。大众的共业，更是相摄相拒，彼此辗转而构成自他间的复杂关系。等到相互推移，引发出社会的共同趋势，即一般所说的"共业所感"。依共作共受的法则，大众的共业，要大家起来改变它，圣人也无能为力。

三、引业与满业：如生为人类，人与人是一样平等的。人类的寿命，根身的构造，感官的认识，对于自然的享受等，都大致相同。从这引业所感的业果说，人类的主要本质是平等的。人与人间所有的差别，如相貌不同、眷属不同、贫富不同、知识才能不同等，是过去的满业与现生业所使然的。这种差别，不但不全是过去业所规定的，更多是由于众生共业所限制，自己现业所造成。从引业所感的果报说，如生为人类，此生即没有变革的可能。由于共业及现生业而如此的，即大有改进的余地。不善的，当从善业的精进中变革它；善的，当使它增长，使它进展为更完善的。佛法重业感而不落于定命论，重视现生的进修，特别是自己的努力，即由于此。

从前生到后生

在不断的身心活动中，有无数的业力增长或消灭。这些业力由于性质不同，成为一系一系的，一系一系中又是一类一类的。如五趣果报，即有人业、天业、地狱业、畜生业、饿鬼业。而每一趣业中，又有种种差别。这种种业力，彼此相摄、相拒，相克制、相融和，成为有情内在极复杂的潜能。现在的身心，为过去某一系类的业力所规定；其他的，照样存在，现在又加添了不少的新业。虽同时有种种业，由于感得此生的业力，规定了此生的特性——如生在人类，即为人类的特性所限制，仅能在"人类生活"的限度内活动。其他的业，可能暗中活动，给此生以有限的影响，但终不能改变此生的特性。这规定一生的业类，从因缘和合而开展新生的活动，当下即受到自身的限制，特别是不能不渐次衰退到业尽而死亡——常态的死。这业类所规定一期生存的能力，即是"命根"。等到这一生进入死亡的阶段，从前及现生所造的业力中，由于"后有爱"的熏发，有占有优势的另一系类业起来重新发展，和合新的身心，成为又一有情。有情的生死相续，是这样的一生一生延续不已。这譬如：在同一国家中，人民从思想、经济等而相互结合为种种阶层、不同党派，相摄相拒，互相消长。现在由甲党当政，于现阶段的政治施设起着决定作用，虽同时有别的政党自由活动于社会底层,或能部分地影响现政局,但在甲党未倒台前,其他政党到底不能取得领导地位,实现政治的根本变革。这些政党,也有从来就有的,也有新起的。在甲党失败时,必有一占有优势的乙党起来执政,开拓一新的政局。甲党可能解体了,或与其他党派退为在野党。所以,佛教缘起的业感论,没有轮回主体的神我,没有身心以外的业力,仅是依于因果法则而从业受果。约发现的外表说,从一身心系而移转到另一身心系;约深隐的内在说,从一业系而移转到另一业系。如流水的波波相次,如灯炷的焰焰相续,诸行无常的生死流转,绝非外道的流转说可比!

由于身心的一度崩坏,根身与情识的相离而不再生起,一般多不能记忆前生的经历,弄得生不知所来,死不知所去。所以三世业感说,每难以为一般所信受。然而不能记忆,并不即是没有。如蒙古及中亚细亚民族,他们的古代以及中古时代的政治情况,大多忘却,然从我国史籍所说,他们确曾有过那样的经历。民族的延续,尚且会因一度没落而忘记得一干二净,何况身心的一度崩坏?何况死时曾陷于闷绝的情态?何况为另一业系所发展的新生?

第八章　佛法的心理观

第一节　心意识

意为有情的中枢

有情即有情识,故识为有情的特征。佛教于心识发挥得极精密,确为应有的努力。经中以种种名词去说明识,又总括为"此心、此意、此识"(《杂含》卷二·三五经)。佛虽总说此三者,但并未给予严密的定义。圣典中有时说心,有时说意,有时又说识。所以历来论师,都认此三者为同一的;但从它的特殊含义说,可以作相对的分别。

先说意:意的梵语,即"末那"(不必作第七识解),是"思量"义。意的特殊含义有二:一、意为身心交感的中枢。有情的身心自体,为六根的总和,除前五色根外,还有意根。意根与五根的关系,如《中含·大拘絺罗经》说:"意为彼(五根)依。"五根是由四大所造成的清净色,是物质的,属于生理的。意根为精神的,属于心理的。意为五根所依止,即是说:物质的生理机构,必依心理而存在,而起作用;如心理一旦停止活动,生理的五根也即时变坏。所以五根与意根,为相依而共存的,实为有情自体的两面观。从触对物质世界看,没有五根,即不能显出意根的存在;从引发精神作用看,没有意根,五根即没有取境生识的作用。试为图如下:

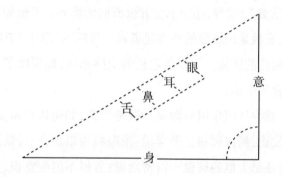

观此图,可见身根与意根的交感。意根为根身——含摄得眼、耳、鼻、舌四根的身根活动的所依,根身也是意根存在与生起的所依,二者如芦束相依。五根中,身根比四根的范围大,有眼、耳等是必有身根的。这可见意的特征,即是与根身的和合。低级有情,眼等四根可能是没有的,但身根一定有,没有即不成其为有情。有情自体即六根,六根或译作六情,这是从情——情识、情爱而生起,能生情而又与情相应的。身心相互依存,不即不离的有情观,即从五根与意根的交感中显出。有人说:心理作用是由物质结构的生理派生的,这是抹煞意根,偏重物质。有人说:心是离根身而存在的,色根为心的产物,这是忽视色根,偏于心理。佛法的有情论,意根与五色根相依而存。单有五根,仅能与外境触对,而不能发生认识作用;意根不离五根的活动,所以想分解五根而别求意根,也是不可能的。

意根与五根的关系,可从取境的作用而知。如眼根,像一架照相机,能摄取外境作资料,现为心相而生起眼识。意根是根,所以也能摄取境界。《中含·大拘绵罗经》说:"五根异行异境界,各各受(取)自境界,意为彼尽受境界。"意根不但有它独特的("别法处")境界,还能承受五根所取的境界。五根如新闻的采访员,意根是编辑部的外稿搜集者。意根能取五根的所取,又为五根起用的所依。五根与意根的交感相通,即说明了意根为身心和合的中枢。

二、意为认识作用的源泉。根是生义,如树依根而发枝叶;六根能发识,所以称根。平常说:依眼根生眼识,……依意根生意识,这还是大概的解说。精密地说:意根不但生意识,而且还能生前五识。所以凡能生认识的心理根源,都称为意根;而从此所生的一切识,也可总名之为意识。意为认识作用的根源,研究此发识的根源,佛教有二派解说不同——也有综合的:一主张"过去意",即无间灭意。以为前念(六)识灭,引生后念的识,前灭识为后起识的所依,前灭识即称为意。一主张"现在意",六识生起的同时,即有意根存在,为六识所依,如波浪汹涌时,即依于同时的海水一样。此同时现在意,即意根。所以意的另一特征,即认识活动的泉源。依根本教义而论,意根应该是与六识同时存在的,如十八界中有六识界,同时还有意界。

依意生识

识,了别义,重在触对境界的认识;能了识别,故称为识。所依的根有六,所取的境也有六,识也因此分为六种。《中含·嗏啼经》说:如火是同一的,草烧即名草火,木烧即名木火。识也如此,依六根,缘六境,依此即成为六识。关于识的是一是多,古来大有争辩。依缘起观的见地说,识应为相对的种种差别,而非绝对的多识。但识为依根缘境而现起者,所以说明上不妨侧重差别。

佛教后期,发展为七识说、八识说、九识说。佛的区别识类,本以六根为主要根据,唯有眼等六根,哪里会有七识、八识?大乘学者所说的第七识、第八识,都不过是意识的细分。古代的一意识师(见《摄大乘论》),以意识为本而说明诸识,以为意识对外而了别五尘时,即为一般所说的前五识;意识又向内而执取根身,这向内而执取根身的,即等于一般所说的阿陀那识。此意识为本的意识,应为从意而生的意识,不只是六识中的意识。

从有情为本的立场说,有情为六处和合的存在,意处为身心交感、认识活动的源泉。意根与身根的交感,即有情身心的统一。佛说"依意生识",应以与根身相依存的"意"为根源。低级的有情,可能没有眼、耳、鼻、舌,但身根是有的。身根为四大所造清净色,由于地大增胜而成定形的机体;水大增胜而有液汁循环的机体;火大增胜而有消化的机体;风大增胜而有运动的机体。意与这身根相应而生起的觉了,或触对外境,从意起身识;或执取身根,执取身心自体,从意生(细)意识,这二者,无论如何微昧,微昧到不易理会,但是一切有情所必具的。此(细)意识为"名色缘识,识缘名色"的有取识,即与极微细的我见、我爱、我慢相应的染识。像人类,意根与根身相应而生的觉了,外缘即明确的五识。如定中根身所起的内触识,及内取根身,执取自体的——细意识,也是极微昧的。此外,有高度明确的意识,承受五识外缘的落谢影像,承受(细)意识内取的积集余势,承受前念意识的活动形态,发为一般明确的意识。重视佛陀"依意生识"的教义,"六处和合"的立场,应从根身与意识的交感处,说明一切有情共有的微细身识与意识,到达人类特有的明确意识。

心及三者的综合

心的梵语有四,但中国译成同样的心字。这里所要说的,是"质多"。质多是"种种"的意义;但不就是种种,是由种种而存在而长成的,所以古来约"种种积集滋长"而解说为"集"。眼、耳、鼻、舌、身、意六识的认识,取之于外,同时留下所认识的印象于内,即成为心。识愈攀缘得多,内存的心象也愈多,所以说种种滋长。这可见心的特殊含义,为精神界的统一。这统一性的心,还可从多方面得到明证。如《杂含》(卷一〇·二六七经)说:"长夜心为贪欲所染,嗔恚、愚痴所染。"此即说相续心为三毒所染污。又如说"心心所",依心而起种种心所,也即是以心为统一性的。又如说"心远独行",独即有独一的意义。所以此心为种种的集起义,又是种种的统一义。这样,依上来的解说,心意识的关系如此:

识，约认识境界——内境、外境说。识由何来，由身心交感的——心理源泉的意处而来。识生了又如何？识生后刹那即灭，留影象而充实内心，心是种种的积集与统一。心与意，为内心的两种特性：一是六识所引生的，一是六识所从生的，流出又流回。识多对境界说，意多对根身说，心多对心所说。

一般的心理学者或认识论者，论到认识的来源时，有的说：心如白纸，什么都没有，一切认识作用，都由生活经验而渐渐生起、资长。如不和外境接触，心就什么也不会有。一切从经验来，即所谓经验派。有的说：认识作用的种种功能，是与生俱来的。如想像、思考、推测等种种认识功能，都本来就有，由外境的触对而引发，此即所谓理性派。以佛法来说，这即是新熏说与本有说。二家所说的，各见得一些，却不是完善的。依佛法，有情为身心相依的共存体；心理活动，是无始以来即由外而内——从识到心，又由内而外——从意到识，不断的交流。有情无始以来，即有此心此意此识，不悟时间的幻惑性，推断为本有或者始有，实在可以无须！

第二节　心与心所

认识的过程

心与心所，约心的统觉及所有复杂的心理内容说。心所，是"心所有法"，心所生起，系属于心而为心所有的，此心与心所，从依根缘境而发识来说，每分为六识聚，而分别说明它的复杂内容与发展程序。六识聚所有的心所中,最一般的,即作意、触、受、想、思五者。作意与触,更为认识过程中的要素。作意,如《中含·象迹喻经》说:"若内眼处不坏者,外色便为光明所照,而便有念,眼识得生。"此"念",《杂心论》译作忆;《智度论》译作忆念;玄奘即译为作意。粗浅地说,此作意即注意。深刻地说,根境和合时,心即反应而起作用;由于心的警动,才发为了别的认识。此心的警动、反应,即作意。古译为忆念,这因为内心的警动是在根取境相时,心中有熟习的观念起来与境相印合;由根境感发反应而起忆念与境相印合,这才成为认识。《入阿毗达磨论》也说:"亦是忆持曾受境等。"唯识家的"警起心种",也即此义的不同解说。上座者的九心轮,在根识的瞩"见"境界前,有"能引发"(藏译作动),即与作意——念的作用相同。

论到触,习见的经句,如《杂含》(卷一三·三〇六经)说:"眼、色缘,生眼识,三事和合触,触俱生受、想、思。"这即是根、境二和生识,根、境、识三和合触的明证。根、境和合生识,即由于根、境相对而引起觉了的识。此识起时,依根缘境而成三事的和合;和合的识,即名为触——感觉而成为认识。此触,经部师解说为即是识,即触境时的识,如《杂含》(卷一三·三〇七经)说:"眼色二种缘,生于心心法。识触及俱生,受想等有因。"有部以识及触为二,又是同时相应的;所以触从三和生,又为令三和合的心所。

与根境相对的识,本没有二者,但由于根取境的引动内心,心反应缘境而成为认识,此从外而内,从内而外的认识过程,似乎有内在心与缘境心的二者。如作意与心,识与触,即是如此。

此认识过程,本为极迅速而难于分别先后的,也不能强作内外的划分,不过为了说明方便而如此说。否则,易于误会内心为离根境而恒在。

受、想、思与识触俱生。经中曾说到受等依触缘触而生。因为不是识的触境而成为认识,一切感情、构想、意志作用,都无法表达出来。识为有情对境所起的认识,认识到的境界,必与自己相关而引起不同的情感;认识必有摄取境像而成为表象作用,或进而有推想、想像;认识外境,必引起对付外境的作用——思。所以佛法中,不论为五识的感性知识,意识的理性知识,都必会引起受、想、思来。

古来,或主张心与心所同起,即同时而有极复杂的心理活动;或主张我们的心识是独一的,在极迅速的情况下,次第引起不同的心所。关于这,应从缘起观的立场而抉择它。认识作用,为相依共存的。如从和合的观点而分析它,即发现确为非常复杂而相应的心聚。但认识又为相续而起的,如从动的观点,辨别认识的内容,即知认识又确为先后别异的心流。从识触而受、从受而想、从想而行的认识过程,似乎与识触与受、想、思俱生的见解相反;但在同时相应的学者中,对于认识的先后发展,也有此解说。

阿含经	瑜伽论	摄大乘论	解脱道论
识触………	率尔………	见………	见
受………	寻求………	等寻求………	受
想………	决定………	等贯彻安立………	分别
行………	染净………	势用………	令起速行

受,是情感的受,也是从承受到未能明确分别中间的探求。决定,即确定它是什么,彻底明了而安立分别名言,这与想心所一致。染净,即善恶心行,与势用等相同。这样,尽管同时起与前后起有净,而在认识的发展过程中,识触与受、想、思,确乎可以看作先后代起而为一心聚的重心。

善心所与恶心所

佛法对心心所的辨析,为了净化自心,即了解认识的内容与过程,为善为恶,才能给予对治而净化它。佛法的观心,是应用的心理学,这是学者所不可忽略的。直觉境界的(五)识触,即含有可意与不可意,于是引起自心的痛苦或喜乐——受;种种分别——想;引起见于身体语言的动作——思。五蕴的识、受、想、行,实为从认识到行为的过程。五蕴中的行蕴,以思心所为主。除了受、想以外,以一切善恶心所为行蕴的内容,虽为后起的,但实为当然的结论。

善心所与恶心所,是极复杂的,可以约种种的含义而立种种名的。其中主要的,即三善根与三不善根。根,即为善与恶的根本特性,其他善恶心所,都依此而生起。三不善根,即贪、嗔、痴。贪是有情自体与环境的染著;痴——无明是对于有情无情一切事理的蒙昧;嗔是对他——他人的不能关切、不能容忍的敌视。据真谛译《随相论》说:"如僧祇等部说:……烦恼即是随眠等烦恼,随眠烦恼即是三不善根……,由有三不善根故起贪、嗔等不善。"这可见一般粗显的贪、嗔、痴,从隐微的、潜行的染根——三不善根而生,三不善根即是随眠。但上座系的学者,以三不善根为欲界粗重的不善,于是乎别立三无记根或四无记根,其实无记根不是经文所说的。四无记根的无明,为隐微的蒙昧心,从不同的性能来分别:我见即痴分,我爱即贪分,我慢——自恃凌他即嗔分。于隐微蒙昧的觉了中,有此我见、我爱、我慢,成为有情识的——极深细的本质。这实为三不善根的内容,不过解说不同。此不善根为一切不善心所的根源;隐微蒙昧虽不是严重的恶心,但到底是不清净的。这相反的善根,即无贪、无嗔、无痴,也是希微而难以明确觉了的。即在一般有情的不善心中,善根也隐微地潜行于心的深处。如经中说:"如是补特伽罗,善法隐没,恶法出现,有随俱行善根未断。"(《顺正理论》卷一八引经)从此三善根而显现流行,即一般心相应的无贪、无嗔、无痴。如扩充发展到极高明处,无痴即般若,无嗔即大(慈)悲,无贪即三昧。三昧即定心;定学或称心学,而经说"离贪故,心得解脱"。无贪为心性明净而不受染著,解脱自在,才是大定的极致。

第九章　我们的世间

第一节　世间的一般情况

世　间

有了有情,必有与有情相对的世间,如说"我与世间"。有情与世间的含义,可以作广狭不同的解说:一、世是迁流转变的意思,凡有时间的存在者,即落于世间。世间即一切的一切,有情也即是世间的。二、假名有情为我,我所依住的称为世间:所依的身心,名五蕴世间;所住的世间,名器世间。三、有情含摄得五蕴的有情自体,身外非执取的自然界,称为世间。四、器世间为"有情业增上力"所成的,为有情存在的必然形态,如有色即有空。所以虽差别而说为有情与世间,而实是有情的世间,总是从有情去说明世间。

佛法对于世间,有几点根本认识:一、世间无数:佛陀不像神教者那样浅狭,专以渺小的区域为天下,以为神但创造这个天地。佛陀从无限时空的体验中,知道世界是多得难以计算的。

这在过去,每被人责为悬想。由于近代科学的成就,证实了世界无数这论题,像我们所住的那样世界——星球,确是非常的多。利用望远镜的精制等,宇宙在不断的扩大发现中。二、世界是不断的成坏过程:世界不是永久不变的,每一世界都在不断的凝成、安住、破坏的过程中。破坏又凝成,凝成又破坏,世界是无始终的成坏过程。现在的世界,有的在凝成中,有的在安住中,有的在破坏中,有的已破坏无余——空。任何时间,世界都在此成彼坏、此有彼无中,如大雨时雨滴的急起急灭一样,世界是难以数量计的。三、世界为有情的世界而又是不一定有的:如世界已成而住,或住而将坏,这世界是有情的世界。如开始凝聚而没有完成,破坏到快要毁灭,这世界是没有有情的。近代的科学者,由于千百年来神教的恶习,以为星球那样多,但都不宜于生物以及人类的发生,独有这个地球,才适宜于生物,而且进化到人类的出现。地球有人类,可说是宇宙间的奇迹! 这哪里是奇迹?不过是神迹的变形! 无论科学的也好,神教者上帝但创造这个世界、但创造这世界的生物以及人类也好,都是荒谬而难以相信的,都是从我慢中流露出来的! 有无量无数的世界,却仅有一个世界有生物以及人类,而这个又恰是我们这个世界:你能相信吗? 四、世界的净秽是业感的:这无数的世界,形态不一,秽恶与庄严也大有差别。我们所处的地球,被称为五浊恶世,属于秽土。庄严清净的世界,不但是无数世界中的现实存在,而这个世界又可能成为庄严的。世界的进展到清净或退堕到秽恶,为有情的共业所造成;是过去的业力所感,也是现生的业行所成。常人误信世界或有情为地球所独有的,于是由于地球初成时没有有情，即推想为物质先精神而存在，即世界先于有情。佛陀体验得时空的无始终、无中边，体验得心色的相依共存，所以能彻见世间为有情的世间，有情依世间而存在。这才否定了神教的创造说、数论的发展说、胜论的组织说，树立缘起的世界观。

须弥山与四洲

我们所处的世界，不妨从小处说起。从来说：须弥山在大海中，为世界的中心。山的四面有四洲，即南阎浮提、东毗提诃、西瞿陀尼、北拘罗洲；四洲在咸水海中。此外有七重山，七重海，一层层地围绕；最外有铁围山，为一世界（横）的边沿。须弥山深入大海，海拔非常高。山中间，四方有四岳，即四大王众天的住处。日与月，在山腰中围绕。须弥山顶，帝释天与四方各八辅臣共治，所以名为忉利——三十三天。这样的世界，与现代所知的世界不同。

单以我们居住的地球说，一般每解说为四洲中的南阎浮提。阎浮提即印度人对于印度的自称，本为印度的专名。佛法传来中国，于是阎浮提扩大到中国来。到近代，这个世界的范围扩大了，地球与阎浮提的关系究竟如何？以科学说佛法者说：须弥山即是北极，四大洲即这个地球上的大陆，阎浮提限于亚洲一带。真现实者说：须弥山系即一太阳系，水、金、地、火四行星即四大洲，木、土、天王、海王四行星，即四大王众天，太阳即忉利天。这样，阎浮提扩大为地球的别名了。

我以为：佛陀为理智的道德的宗教家，有他的工作重心，无暇与人解说或争辩天文与地理。佛法中的世界安立,大抵是引用时代的传说,如必须为这些辩说,不但到底不能会通传说,而且根本违反了佛陀的精神。像上面所说的,组织完备的世界情况,是后起的。因为,汉译的《长含·世记经》广说这些,但巴利本缺;与此大同的《立世阿毗昙论》属于论典,说是"佛婆伽婆及阿罗汉说"(《论》卷一)。可见释尊曾部分地引述俗说,由后人补充推演,组织完成。

从释尊的引述中,我相信,释尊时代的须弥山与四洲,大体是近于事实的。须弥山,梵语须弥卢,即今喜马拉雅山。山南的阎浮提,从阎浮提河得名,这即是恒河上流——阎浮提河流域。毗提诃,本为摩竭陀王朝兴起以前东方的有力王朝,在恒河下流,今巴特那以北地方。瞿陀尼,译为牛货,这是游牧区。"所有市易,或以牛羊,或摩尼宝"(《起世经》卷七),指印度的西北。拘罗,即福地,本为婆罗门教发皇地,在萨特利支河与阎浮提河间——阎浮提以北,受着印度人的景仰尊重。但在这四洲的传说中,印度人看作神圣住处的须弥山为中心,山南的恒河上流为南洲,向东为东洲,向西为西洲,而景仰中事实的拘罗,已经没落,所以被传说为乐土,大家羡慕着山的那边。印度人自称为南阎浮提,可见为拘罗已没落,而发展到恒河上流时代的传说。那时的东方王朝毗提诃,还不是印度雅利安人的征服区。四洲说与轮王统一四洲说相联系,这是雅利安人到达恒河上流,开始统一全部印度的企图与自信的预言。这一地图,岂不是近于实际!

　　这一传说的起源时,须弥山虽被看作神圣住处,但四洲未必
在海中。传说:佛上忉利天——须弥山高处为母说法,下来时在
僧伽施,即今 Farrukhābād 区中的 Saṅkassa。传说:阿修罗与帝
释争斗,失败了,逃入舍卫城边水池的藕孔中;舍卫城在今 Sahet
Mahet。这可见须弥山即喜马拉雅山,山的南麓,即僧伽施到舍
卫一带——南阎浮提。当时的四洲说,还没有包括德干高原。
这一近于事实的世界,等到印度人扩大视线到全印,发现海岸,
于是或说四洲在海中,南阎浮提即印度全境;而事实上的须弥

山,不能不分为神话的与实际的雪山了。总之,从古典去考察,佛陀虽采用世俗的须弥四洲说,大致与事实不远。我以为:现实的科学的佛法,应从传说中考寻早期的传说。从不违现代世俗的立场,接受或否定它,决不可牵强附会了事。

天魔梵与三界

再扩大来说:经中每说到天、魔、梵。"天"即是四王天、忉利天、夜魔天、兜率天、他化天、他化自在天——六欲"天"。这虽有地居、空居的差别,但都有彼此共同的器世界,有王臣父子等社会形态。他化自在天有"魔"宫;以上即到达色界的"梵"天。这大体是印度旧有的传说:欲天是不离欲、不脱生死苦的,没有超出魔的统辖。如能破魔得解脱,即还归于梵,到达不死的地方。神格的大梵天,即称为一切世界主。天、魔、梵的层次,契合于传统婆罗门教的解说。佛法虽引用传说,但不以婆罗门教所说的复归于梵为究竟的,认为还在生死中。所以依于四禅定果的次第,分梵天为初禅三天、二禅三天、三禅三天、四禅三天,又外道的无想天,以及佛教圣者所住的五不还天。这十八天为色界,最高者名为色究竟天。这都是个人的世界,所住的器界随有情的出生而现起,随有情的灭亡而毁灭。四禅为佛陀时代常修的禅定,所以禅定的种种功德,都在第四禅中。又依唯识观的定果,立四无色界:即是先观物境空,名空无边处;次观但唯有识,名识无边处;再观识也不可得,名无所有处。这三者,类似唯识学的相似证得三性。进一步,无所有性也遭离了,到达非有想非无想处,可说是绝对主观的体证,类似证唯识性。这无色界,

不但是个人的,而且有的说是没有物质的。这种由欲而色而无
色;由社会而个人而精神,为印度当时一般修禅定者——瑜伽者
所大体公认的。佛法却不承认这是可以解脱的,否认它能得真
理,能得自由,所以人间成佛,开示有情世间的真义。

　　从四洲到梵天,名为一小世界。这样的一千小世界,上有二
禅天统摄,名为小千世界。一千个小千世界,名为中千世界,上
有三禅天统摄。一千个中千世界,名为大千世界,上有四禅天统
摄。这一层层组合的三千大千世界,称为娑婆世界,即我们这个
世界系的全貌。类似这样的世界,无量无边。

第二节　人类世界的过去与未来

世界的成立

　　《中阿含》、《长阿含》、《增一阿含经》,大同小异地说到世
界的起源与演进。这里面包括两部分:一是世界生成史,一是社
会演进史。虽表现于传说的形式中,为佛法对于世界人类演进
的根本看法,值得我们研究!

　　世界的开始凝成时,先于"空轮"中发生"风轮",由"风轮"
而发生"水轮",末了结成"金轮"。空、风、水、金都称为轮,说明
这世界的成立,取着圆形而旋转的运动。空轮,即特定的空间,
充满构成世界的物质因素——四大,但还没有形成。从空轮起
风轮,即物质与空间相对分化,即在特定的空间中,有速疾流动
的物质形态出现。活动旋转于空间中的物质,是气体的,所以称

为风轮，说风轮依空轮。风轮——气体的久久旋转，发现水轮，这即是气体的凝成液体，气体与液体分化。运动中的液体，在大气包围中，所以说水轮依风轮。液体的不断运动，渐凝为固体——经中说风吹水而结成沫，即金轮。那时，水气发散于金轮的四周，所以说金轮依水轮。由于运动，地面有凹凸而成为海洋，雨水淹没了大地的大部分。《起世经》（卷九）说："阿那毗罗大风吹掘大地，渐渐深入，乃于其中置大水聚，湛然停积；以此因缘于世间中复有大海。"可见海在地面，所说的金轮依水轮，不能解说为大地在海中的。这一世界——地球的成立过程，由气体而液体，由液体而固体；以及现在的大地四周有水——水汽，水的四周有风——没有水汽的空气，风的四周有空，一圈圈的轮形世界，与近代人的解说，并没有什么严重的矛盾。

人类社会的演进

这一世界的人类，传说是从光音天下来，象征他们的喜乐与光明。那时，人类像儿童一样，都充满喜乐和光明的憧憬，无忧无虑，不识不知，既不知什么是经济问题，也无所谓家庭男女。社会学者所说，古代蒙昧的原始社会，一切是平等的，与佛经所说的最初人间，恰好相合。那时人类所吃的称为地肥。因吃随地所产的食物，逐渐发现了肤色的不同。这时，体力光彩出众的，开始骄傲起来。印度人对于种族的分别，起初即在于肤色。直到现在，白种人还以为有色人种不及他们优秀呢！由于肤色不同，自然觉得彼此不同，人类就一族一族的分化起来。各处各的环境，不再随便吃地面的东西了，知道吃自然粳米——野生稻。那时渐发现男女的不同;异性相逐,感到有点不大雅。为了掩蔽两性的媾合,缔结两性的密切关系,开始有家庭的组合,建造起粗陋的房舍。这样,夫妇、父子、兄弟等亲族的关系,都在家庭基础上建立起来。起初,吃的问题还容易解决,自然粳米到处都是。但有了家庭,人口渐多,私心也旺盛起来。大家对于天生的稻谷,争夺而蓄积起来。这样,自然粳米没有了,不得不耕耘而食;这即是从采集经济而进入农业社会的开始。接着经济问题严重起来,有的辛苦耕作而反得不到收获;有的游手好闲,到处饱食无忧。大家觉到公共没有法纪,不能安定,于是就公推田主——梵语刹帝利,即是国王来分配,这近于中国古代的均田传说。有了国家组织,制裁权力,多少减少些纷争。国家制的出现,为了经济的不平;国主是大众公举的,所以称为"众许平等王"。但从国家制——初期还是部落制建立起,人类社会即分为上下,上层即国王——刹帝利族,下层即庶民,庶民有纳税的义务,也就是有了治者与被治者。各成各的家,各做各的事,虽有国家权力,世间还不能太平。做工的能生存,但由于天时人事,收获不一定可靠;积蓄了,也有失亡的危险。人类的私欲更有增无已,所以有些人作出越轨的行为——盗、杀、淫、妄,罪恶蔓延。有些人感觉痛苦、失望,厌世的思想流行,出家去修行。由此政治组织不良,人类自私的罪恶,特殊的宗教阶级产生了。但这种厌世者不能彻底,感到出家的寂寞,又回家娶妻生子,即是婆罗门族的来源。这即是神教的职业宗教者,他们不是出家者,也不是正常的在家者,专门执掌祭祀,替人作祈祷,靠此生活。佛教虽认为世间是苦,容许厌苦的出家生活,但对于营为世俗生活的婆罗门，根本反对。此时因社会工作繁多，职业分化，专门营农经商的自由民，成为吠奢族。没有土地，作工巧等活命的，成为首陀族。这些种族，佛法以为只是古代同一人类的职业分化。婆罗门不能出世，又不从事于实际的世间事业，想以宗教思想来统治一切，强调婆罗门的高贵，建立四姓阶级制，实是非常的错误。到此，即说到释迦族及释尊的出世。

这一社会演进的传说，我曾略有推论，分社会的演进为六期：一、蒙昧的原始大同时代。二、婆罗门时代，即祭政一致的时代。从政治说，虽即是田主，但时代的中心力量是神力，是古老传统的丰富知识力。三、刹帝利时代，即武士族兴起的时代。婆罗门——祭师开始放弃地上的实权，偏重于他方、未来、天堂，即神教的隆盛期。时代的中心力量，是武力。佛教的传说，以此为止。四、吠奢时代，即农工商——自由民取得政治的领导权，特别是商人。时代的中心力量，是财力。现代的欧美政治，已到达此期。五、首陀时代，由农工的无产者取得政治领导权；时代的中心力量，佛经中没有提到，应该是群力。六、四阶层的层层兴起，即四阶层的层层否定，即将渡入正觉的大同时代。佛教徒所渴仰的弥勒降生，即大同、和平、繁荣的时代到来。

未来的世界

传说的北拘罗洲，是极福乐的世界。北拘罗洲的平等、自由，有点类似此世界起初的人类社会。将此世界融入佛教的真理与自由，智慧与慈悲，即为净土的内容。我们这个世界，经过多少次荒乱，弥勒降生时，才实现为净土。佛教净土的真精神，如果说在西方极乐国，在兜率天内院，不如说重在这个世界的将来。拘罗洲的特质，没有家庭——没有男女间的相互占有，没有经济上的私有。衣服、饮食、住处、舟车、浴池、庄严具，一切是公共的，尽可适量地随意受用。大家都"无我我所，无守护者"，真的做到私有经济的废除。男女间，除了近亲属而外，自由交合，自由离散。所生的子女，属于公共。拘罗洲的经济情况、男女关系，家庭本位的伦理学者或者会大声疾呼，斥为道德沦亡，类于无父无母的禽兽。然在佛法说，这是"无我我所"的实践者，是"能行十善业"者，是能做到不杀、不盗、不邪淫、不妄语者，比家庭本位的道德——五戒要高尚得多。拘罗洲的人，没有肤色——种族优劣的差别，人类是一样的平等。由于体健进步，人间再没有夭寿的。寿终而死，也再没有忧愁啼哭。这个世界，非常的庄严，非常的清净，像一所大公园。土地肥沃，道路平坦，气候冷暖适中；到处是妙香、音乐、光明。人类生活于这样的世界，何等的幸福！这样的世界，为无数世界中的现实存在者。原始佛教仰望中的世界，即是这样的世界，而又充满了佛陀的真理与自由，智慧与慈悲；这即是这个世界的将来。

第十章　我论因说因

第一节　佛法以因缘为立义大本

总　说

　　以有情为中心,论到自他、心境、物我的佛法,唯一的特色是因缘论。如《杂含》(卷二·五三经)说:"我论因说因。……有因有缘集世间,有因有缘世间集;有因有缘灭世间,有因有缘世间灭。"因与缘,佛陀不曾有严格的界说,但从相对的差别说:因约特性说,缘约力用说;因指主要的,缘指一般的。因缘可以总论,即每一法的生起,必须具备某些条件;凡是能为生起某法的条件,就称为此法的因缘。不但是生起,就是某一法的否定——灭而不存在,也不是自然的,也需要具备种种障碍或破坏的条件,这也可说是因缘。佛法所说的集——生与灭,都依于因缘。这是在说明世间是什么,为什么生起,怎样才会灭去。从这生灭因缘的把握中,指导人去怎样实行,达到目的。人生现有的痛苦困难,要追求痛苦的原因,知道了痛苦的原因,即知道没有此因,困苦即会消灭。但这非求得对治此困苦的方法不可,如害病求医,先要从病象而测知病因,然后再以对治病因的药方,使病者吃下,才能痊愈。因此,学佛的有首先推究因缘的必要。知道了世间困苦的所以生、所以灭的条件,才能合理地解决它,使应生的生起,应灭的灭除。从前释尊初转法轮,开示四谛,四谛即是染净因果的解说。

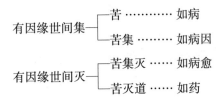

无因邪因与正因

人类文化的开展,本来都由于探求因缘。如冷了有求暖的需要,于是追求为什么冷,怎样才会不冷,发现取暖的方法。一切知识,无不从这察果知因中得来。不过因缘极为深细,一般每流于错误。在释尊未出世前,印度就有许多外道,他们也有讲因缘的。但以佛的眼光看来,他们所讲的因缘都不正确,佛法称之为"邪因"或"非因计因"。还有一类人,找不到世间所以生灭的因果关系,就以为世间一切现象都是无因的、偶然的。这种无因论,到底是不多的;多而又难得教化的,要算非因计因的"邪因论"。佛法对于非因计因的邪因论,驳斥不遗余力,现略举三种来说:

一、宿作论,也可名为定命论。他们也说由于过去的业力,感得今生的果报。但以为世间的一切,无不由生前业力招感的,对于现生的行为价值,也即是现生的因缘,完全抹煞了。若真的世间一切现象都是由前生注定的,那就等于否定现生努力的价值。佛法虽也说由前生行为的好恶影响今生的苦乐果报,但更重视现生的因缘力。如小孩出生后,身体是健康的,后因胡吃乱喝以致生病死亡,这能说是前生造定的吗? 如果可以说是前生造定的,那么强盗无理劫夺来的财物,也应说是前生造定的了。佛法正确的因缘论,是彻底反对这种抹煞现生的努力而专讲命定的。佛法与宿命论的不同,就在重视现生努力与否。二、尊祐论,这是将人生的一切遭遇,都归结到神的意旨中。以为世间的一切,不是人的力量所能奈何的,要上帝或梵天,才有这种力量,创造而安排世间的一切。对于这种尊祐论,佛法是彻底否定,毫不犹疑。因为世间的一切,有好的也有坏的,如完全出于神的意旨,即等于否定人生,这实是莫大的错误! 不自己努力,单是在神前祷告或是许愿,要想达到目的,必然是不可能的。佛法否认决定一切运命的主宰,人世的好坏不是外来的,须由自己与大家来决定。以上所说的两类思想,在佛法长期流变中,多少混杂在佛法中,我们必须认清拣别才好! 除此两种邪因论而外,有的也谈因缘,也注重自作自受,但还是错误的。像印度的苦行外道们,以为在现生中多吃些苦,未来即能得乐。其实,这苦是冤枉吃的,因为无意义的苦行与自己所要求的目的,毫没一点因果关系,这也是非因计因。这可见一些人表面好像是谈因缘,究其实,都是邪因。如人生病,宿作论者说:这是命中注定的。尊祐论者说:这是神的惩罚,惟有祈祷上帝。有的虽说病由身体失调所致,可以找方法来治,但又不认清病因,不了解药性,不以正当的方法来医治,以为胡乱吃点什么,或者画符念咒,病就会好了。佛说:一切现象无不是有因果性的,要求正确而必然的因果关系,不可笼统地讲因缘。佛法所说因果,范围非常广泛,一切都在因果法则中。但佛法所重的,在乎思想与行为的因果律,指导人该怎样做,怎样才能做得好。小呢,自己得到安乐;大之,使世界都得到安乐,得到究竟的解脱。

第二节　因缘的类别

三重因缘

佛法的主要方法,在观察现象而探求它的因缘。现象为什么会如此,必有所以如此的原因。佛法的一切深义、大行,都是由于观察因缘(缘起)而发见的。佛世所谈的因缘极其广泛,但极其简要。后代的学佛者根据佛陀的示导,悉心参究,于是因缘的深义,或浅或深地明白出来。这可以分别为三层:

一、果从因生:现实存在的事物,决不会自己如此,必须从因而生,对因名果。在一定的条件和合下,才有"法"的生起,这是佛法的基本观念,也就依此对治无因或邪因论。如见一果树,即知必由种子、肥料、水分、温度等种种关系,此树才能长成开花结果,决不是从空而生,也不是从别的草木金石生。不从无因生,不从邪因生,这即是因缘生。因缘是很复杂的,其中有主要的,或次要的,必须由种种因缘和合,才能产生某一现象。佛法依此因缘论的立场,所以偶然而有的无因论,不能成立。

　　二、事待理成：这比上一层要深刻些。现实的一切事象，固然是因果，但在因果里，有它更深刻普遍的理性。为什么从某因必生出某果？这必有某某必然生某的理则。世间的一切，都循着这必然的理则而成立，这是属于哲学的。佛法不称此必然的理则为理性，名之为"法"。经中说："若佛出世，若未出世，此法常住，法住法界。"（《杂含》卷一二·二九六经）这本然的、必然的、普遍的理则，为因果现象所不可违反的。举一明白的例子，"生缘死"，这有生必然有死，即是本然的、必然的、普遍的原理。生者必死，这不是说生下来立刻就死，有的长经八万大劫，有的朝生暮死，或者更短命，但寿命虽有久暂，生者必死的原则，谁也逃不了。为什么一定要死？就因为他出生。既然生了，就不能不死。尽管生了以后，活几天，活几年，几百年，就是几千万年而暂时不死；尽管在果从因生的事象方面，各各生得不同，死得不同；但此人彼人，此地彼地，此时彼时，凡是有生的，都必终归于死。这是一切时、地、人的共同理则。若无此必然的理则，那么这人死，那人或者可以不死；前人死，后人或可不死；未来事即无法确定其必然如此，即不能建立必然的因果关系。一切因果事象的所以必然如此，都有它的必然性，可说一切事象都是依照这必然的理则而生灭、成坏。这必然的理则，是事象所依以成立的，也即是因缘。

　　三、有依空立：这更深刻了。果从因生的事象，及事待理成的必然理则，都是存在的，即是"有"的。凡是存在的，必须依空而立。这是说：不管是存在的事物也好，理则也好，都必依否定实在性的本性而成立。这等于说：如不是非存在的，即不能成为

存在的。试作浅显的譬喻：如造一间房子，房子即是存在的。但
房子的存在，要从种种的——木、石、瓦、匠人等因缘合成，这是
果从因生。房子有成为房子的基本原则，如违反这房屋的原则，
即不能成为房子，这就是事待理成。房子必依空间而建立，如此
处已有房子，那就不能在同一空间再建一所房子，这譬如有依空
立。又如凡是有的，起初必是没有的，所以能从众缘和合而现起
为有；有了，终究也必归于无。房子在本无今有、已有还无的过
程中，就可见当房子存在时，也仅是和合相续的假在，当下即不
离存在的否定——空。如离却非存在，房子有它的真实自体，那
就不会从因缘生，不会有这从无而有、已有还无的现象。这样，
从因果现象，一步步地向深处观察，就发见这最彻底、最究竟的
因缘论。

二　大理则

　　佛法的因缘论，虽有此三层，而主要的是事待理成，依此而
成为事实，依此而显示真性。如上面说到的"有因有缘集世间，
有因有缘世间集；有因有缘灭世间，有因有缘世间灭"，即表示
了两方面。说明世间集的因缘，佛法名之为"缘起支性"；说明
世间灭的因缘，名之为"圣道支性"。经中每以"法性、法住、法
界安住"，形容缘起支性。缘起支性即十二有支，主要为说明世
间杂染因果相生的法则。圣道支性即是八正道，要想得到超越
世间杂染的清净法，必须修圣道为因缘，才能实现。经中曾以
"古仙人道"（《杂含》卷一二·二八七经）说此圣道，即可见要
到达清净解脱，不论是过去或未来，大乘或小乘，此八正道是必

经之路,必须依此轨则去实行。缘起支性与圣道支性,是因缘论
中最重要的,可说是佛法中的两大理则。佛教中的大众系与分
别说系,都说此缘起支性与圣道支性是无为的,就因为这两大理
则都有必然性与普遍性。大众与分别说系称之为无为,虽还有
研究的余地,但能重视此两大理则,不专在差别的事相上说,可
说是有他的独到处! 这两大理则,都是因缘论。缘起支性是杂
染的、世间的,圣道支性是清净的、出世间的;因缘即总括了佛法
的一切。有情的现实界,即杂染的。这杂染的因缘理则,经中特
别称之为缘起(释尊所说的缘起,是不通于清净的)法。依此理
则,当然生起的是杂染的、世间的、苦迫的因果。清净的因
缘——圣道支性,依此理则,当然生起的是清净的、出世的、安乐
的因果。佛法不是泛谈因果,是要在现实的杂染事象中,把握因
果的必然性。这必然理则,佛也不能使它改变,成佛也只是悟到
这必然理则,依着清净的必然的因缘法去实行完成。所以佛说
此两大理则,即对于现实人间以及向上净化,提供了一种必然的
理则,使人心能有所着落,依着去实践,舍染从净。如学者能确
认此必然理则,即是得"法住智";进一步的实证,即是经中所说
的"见法涅槃"了。

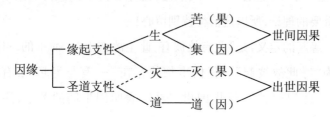

第十一章　缘起法

第一节　缘起的定义与内容

缘起的定义

因缘有杂染的、清净的,杂染的因缘,即缘起法。缘起法的定义,是"此有故彼有,此生故彼生",说明依待而存在的法则。它的内容,是"谓无明缘行,行缘识,识缘名色,名色缘六处,六处缘触,触缘受,受缘爱,爱缘取,取缘有,有缘生,生缘老病死"。总结地说,即"纯大苦聚集",这是经中处处说到的。在中观、瑜伽学中,缘起法——或依他起法,通于染净,成为佛法中异常重要的理论,所以这值得特别留心!

缘起的定义,是"此有故彼有,此生故彼生"。简单的,可解说为"缘此故彼起"。任何事物的存在——有与生起,必有原因。"此"与"彼",泛指因果二法。表明因果间的关系,用一"故"字。彼的所以如彼,就因为此,彼此间有着必然的"此故彼"的关系,即成为因果系。此为因缘,有彼果生,故缘起的简单定义即是缘此故彼起。在这"此故彼"的定义中,没有一些绝对的东西,一切要在相对的关系下才能存在,这是佛陀观察宇宙人生所得的结论。也就因此,悟得这一切不是偶然的,也不是神造的。佛陀的缘起观非常深广,所以佛说:"此甚深处,所谓缘起。"(《杂含》卷一二·二九三经)如上面所揭出的三句:果从因生、事待理成、有依空立,都依缘起而说的。佛陀先观察宇宙人生的事实,进一步,再作理性的思辨与直观的体悟,彻底地通达此缘起法。缘起法不仅是因果事象,主要在发见因果间的必然性,也就是悟得因果的必然秩序。这缘起法,佛说它是"非我所作,亦非余人作",这是本来如此的真相。愚痴的凡夫,对于世间的一切,觉得纷杂而没有头绪,佛陀却能在这复杂纷繁中,悟到一遍通而必然的法则。观察到有情在无限生死延续中的必然过程,知道一切有情莫不如此,于是就在不离这一切现象中,得到必然的理则,这即是缘起法。能彻了这缘起法,即对因果间的必然性确实印定,无论什么邪说也不能动摇了。

缘起的内容

有情的生死流转,即在这样——十二支的发展过程中推移。这十二支,可以约为三节:一、爱、取、有、生、老死五支,侧重于"逐物流转"的缘起观。有情都要"老死",老死是由生而来的,生起了即不能不死;所以生不足喜,死也不足忧。可见想长生不死或永生不灭,是永远不可能的。有情为什么会生起呢?即由于"有"。有指过去业力所规定的存在体,三有或者五有。既有业感存在体,即不能不生起,如种子得到水、土、温度等缘力,即不能不萌芽一样。何以会有？这原因是"取"——欲取、见取、戒禁取、我语取。取是摄持追求的，由内心执取自我，所以在家人执取五欲，出家者又执取种种错误的见解与毫无意义的戒禁。人类的所以执取趋求，又由于"爱"。这即是有情的特性，染著自体与境界，染著过去与未来。因为爱染一切，所以执取趋求，所以引起业果，不得不生，不得不死了。从爱到老死的五支，说明了苦与集的主要意义。

二、识、名色、六处、触、受五支，是在逐物流转的缘起观中，进求它的因缘，达到"触境系心"的缘起。有情的染爱不是无因的，由于苦、乐、忧、喜等情绪的领"受"，所以引发染爱。染爱不但是爱著喜乐的，凡是感情掀动而不得不爱、不得不嗔，恋著而难以放下的一切都是。论到情绪的领受，即知由于(六)根的取境、发识，因三者和合而起的识"触"。没有触，反应对象而起的领受，也即不生。这十二支中的触，专指与无明相应的触。这样，即是不能没有"六处"的。六处即有情自体，这又从"名色"而有。名色是婴胎初凝，还没有完成眼等六根的阶段。这名色要有"识"的执持，才能不坏而增长；此识也要依托名色，才能发生作用。所以不但识缘名色，名色也缘识，到达色心交感、相依互存的缘起。如《杂含》(卷一二·二八八经)说："譬如三芦，立于空地，展转相依而得竖立。若去其一，二亦不立；若去其二，一亦不立，展转相依而得竖立。识缘名色，亦复如是，展转相依而得生长。"

三、从识到受，说明现实心身的活动过程，不是说明生死流转的根源。所以进一步说：无明缘行，行缘识。这一期生命中的情识——"有识之身"，即有识的有情的发展，即是生。所以识依于行的"行"，即是爱俱思所引发的身行、语行、意行，也等于爱取所起的有。"无明"也等于无明触相应的爱等烦恼。由于无明的蒙昧，爱的染著，生死识身即不断地相续，不断地流转于生死苦海。苦因、苦果，一切在没奈何的苦迫中，成为"纯大苦聚"，这即是有情的一切。

第二节　缘起的流转与还灭

缘起的流转

依缘起而成的生死相续，佛曾说了"缘起"与"缘生"。佛说缘起与缘生时，都即是"此有故彼有，此生故彼生，谓缘无明有行"等。这二者的差别，向来成为难题。缘起与缘生的内容相同，为什么说为二名？这二者的意思，是多少不同的。缘起是动词；缘生是被动词的过去格，即被生而已生的。所以缘起可解说为"为缘能起"；缘生可解说为"缘所已生"。这二者显有因果关系，但不单是事象的因果，佛说缘起时，加了"此法常住、法住法界"的形容词，所以缘起是因果的必然理则，缘生是因果中的具体事象。现实所知的一切，是缘生法；这缘生法中所有必然的因果理则，才是缘起法。缘起与缘生，即理与事。缘生说明了果从因生；对缘生而说缘起，说明缘生事相所以因果相生、秩然不乱的必然理则，缘生即依于缘起而成。

从缘起而缘生，约流转门说，有两个重要的意思，不可不知。

一、无明缘行到生缘老死，好像有时间前后的，但这不是直线的前后，螺旋式的前后，是如环无端的前后。经中说此十二支，主要即说明惑、业、苦三：惑是烦恼，业是身口意三业。由惑业而引生苦果，依苦果而又起烦恼，又造业，又要招感苦果，惑业苦三者是这样的流转无端，故说生死是无始的，有情一直在这惑、业、苦的轨道上走。人世间的相续流转，有前后的因果相生，却又找不到始终。像时钟一样，一点钟，二点钟，明明有前后性，而从一到十二，十二又到一，也不知从何处开始。佛在这环形的因果相续中，悟到了因果间的回环性，所以说生死无始。故因与果，是前后必然而又无始终的。如十二支作直线式的理解，那因更有因，果还有果，非寻出始终不可。佛说"生死无始"，扫尽了创造的神话、一元进化等谬说。

二、依缘起而有的缘生，佛法是在彼此关涉的和合中、前后相续的演变中去体会的。这是组织的、流动的因果观。这和合相续中的因果必然程序，与一般所说的——从豆生豆、从瓜生瓜的因果不同，佛没有说无明缘生无明，而说无明为缘行。如人的构造是很复杂的：生理方面，有眼、耳等的差别；心理方面，有贪、嗔、痴等。人是众缘和合成的，在这和合的相续中，观察前后因果的必然关系，所以说为十二支。如由父精母血的和合而起情识的活动；由识能执取名色；名色能渐渐生长，发展到六处完成；有了六处，就有六触，不过在胎中的触相还不大明显，等到出生与外界的五尘相触，这才有显著的识触。因此，古人传说缘起因果，是"约位"说的，这就是在和合相续的——阶段上说。这等于现代的社会学者，把几千年历史的演变划成若干时代，然而工业时代,也还是有种庄稼的;同样的,农业社会,也不能说没有渔猎生活。缘起十二支也是这样,名色阶段也有识,六处中也有名色,每一阶段都可以有(不一定有)其他的。不过从一一阶段的重心、特色不同,分作多少阶段。这不过依人生和合相续发展中——佛法本来是依人而立的,去说明不同的阶段罢了。知道了这一点,佛法的因果观,才会契合于组织的、流动的,即无常、无我的;否则容易流为庸俗的自性因果。

缘起的还灭

探究诸法的原因,发见缘起的彼此依待性,前后程序的必然性。从推因知果,达到因有果有、因生果生的必然关系。但佛法求知人世间的苦痛原因,是为了设法消除它。所以流转门说,乙的存在,由于甲的存在;现在还灭门中反转来说,没有甲也就没有乙。这如经上说:"此无故彼无,此灭故彼灭,所谓无明灭则行灭,……纯大苦聚灭。"这还灭的原理,还是缘起的,即"无此故彼不起"。所以缘起论的相生边,说明了生死流转的现象;还灭边,即开示了涅槃的真相。涅槃成立于生死苦迫的取消,是从因果现实而显示出来。这与一般宗教的理想界,光靠信仰与想像,不能给以事理的说明,实大有天渊之别!

依缘起而现起缘生的事相,同时又依缘起显示涅槃。涅槃,即诸法的真性,也即是法性。经中曾综合这二者,说有为法与无为法。依《阿含》的定义说:有为法是有生有灭的流转法;此流转法的寂灭,不生不住不灭,名无为法。所以无为是离爱欲,离杂染,达到寂然不动的境地,即佛弟子所趋向的涅槃。这不生不灭的涅槃，成立于缘起法上。如海水起波浪一样，水本性是平静的，它所以不断地后浪推前浪，是由于风的鼓动；如风停息了，海水就会归于平静。这浪浪的相续不息，如流转法；风息浪静，如寂灭性的涅槃。因为缘起的有为生灭法，本是从众多的关系而生起的。既从因缘关系的和合而生起，它决不会永久如此的。如除息众多的因缘，如无明、爱等，不就能显出一切寂灭性吗！所以涅槃的安立，即依于缘起。这在大乘经中，称为诸法毕竟空。诸法终归于空，《阿含经》说为终归于灭。归空与归灭，是没有什么不同的。如波浪的相续不灭，并非浪性的不灭，——浪是本来会灭的。如动乱的因缘离去，波浪即平静而恢复了水的本性。浪的趋于平静，是可能的，而且是必然的；所以佛依缘起说涅槃，也是理所当然的。涅槃为学佛者的目的，即杂染法彻底解脱的出离境界，为一般人所不易理解的。佛法的涅槃，不是什么形而上的、神秘的，是依于经验的；从经验出发，经理性的思辨而可以直觉体验的。这立论于缘起的涅槃观，必须深刻而彻底地体会，切不可离开现实，专从想像中去摹拟它！

第十二章　三大理性的统一

第一节　三法印

略　说

　　三法印,为佛法的重要教义;判断佛法的是否究竟,即以此三印来衡量。若与此三印相违的,即使是佛陀亲说的,也不是了义法。反之,若与三印相契合——入佛法相,即使非佛所说,也可认为是佛法。法是普遍的必然的理性,印是依此而证实为究竟正确的;依此三者来印证是佛法,所以称为法印。三法印的名称,是"诸行无常"、"诸法无我"、"涅槃寂静"。也有于诸行无常下,加"诸受皆苦"一句,这就成为四法印了。苦,是觉者对于有情世间的价值判断,仅是诸行无常印中的含义之一,从事理的真相说,三法印就足够了。三法印,是于同一缘起法中体悟有此三性,无论学者的渐入、顿入,三法印有着深切的关联,不能机械地分割。佛常这样的问比丘们:比丘! 五蕴等是无常否? 答:是无常。无常的是苦否? 答:是苦。若是无常苦变易法,是我我所否？比丘答：非我我所。佛即告诉他说：比丘！所以这样的观察无常、无我，即得解脱。依这类的经文，可见三者是相关而贯通的。三印中的涅槃寂静，即是解脱，也即是空。佛曾这样说："诸行空，常恒不变易法空，我所空，所以者何？此性自尔。"一切有为法的本性是空寂的；空寂的，所以是无常、无我，所以能实现涅槃。这从缘起的空义而开显，所以经中常说"出世空（性）相应缘起"。缘起本是开显空义的，观察缘起，悟到它的必然理性，归于空寂，这是佛陀宣说缘起的方法与目的。

三法印的真实性

　　佛说三法印，是从有情自身说，有情是无常、无我、空寂的。印度传统的、新起的宗教，每以为生死五蕴身中或离五蕴身以外，有常住真我。佛以为有情是缘起的有情，依缘起说，不能不是无常、无我的。无常即是变化不居，换言之，即是生而必灭的。一般人以环境的适意为快乐，或以保持心境平和的不苦不乐为安隐。依佛的慧观，这也是苦的。此苦，不是忧愁等苦，是无常义。一切的快乐安隐都在不断地变化；如意称心，平安恬适，都不是一得永得而可以悠久的，是终归于灭坏的。无论怎样的安适，都向此目标前进。有生必有死，有壮必有老，有盛必有衰，因此给以"无常故苦"的判定。婆罗门所说的常我，是妙乐的。佛反对他，一切无不在变化无常过程中，哪还有什么究竟圆满妙乐可说？所以说无常故苦。佛说苦就是无我，这因为我是主宰义，对周围的一切能作得主，能自由支配，必如此才可以名为我。但有情依蕴、界、处诸法而立，是变化无常的，无常即是苦的，苦即不自在,那还能说是我吗? 佛法说:正因为有情倒执有我,所以起惑造业,流转不息,我执即是流转动乱的根源。如悟解无我,没有了这动乱的因,即惑、业不起,当下能正觉诸法实相,一切即是寂静涅槃。佛陀依有情而说此三法印,如论到对有情存在的世间,这或是所依的五蕴,或是所住的器界,这一切也是无常的。世间确是无常的,但如说"无常故苦,苦故无我",即有点不适合。如这枝粉笔,说它是无常,当然是对的;但说它是苦,是无我,那就欠当了。粉笔是无情的,根本不会有领受,即无所谓苦不苦。没有苦不苦或自由不自由,也不会执著为我。不是我,也不需要说无我。所以"无常故苦,苦故无我",是依有情而说。如扩充三法印而应用到一切,那就如大乘所说的"无常故(无我)空"了。空是无自性的意思,一切法的本性如此,从众缘生而没有自性,即没有常住性、独存性、实有性,一切是法法平等的空寂性,这空性,经中也称为法无我。此法无我的我,与有情执我的我略略不同。实在的、常住的、独存的,这个我的定义是同的;但有情所执自我,即在此意义上,附入意志的自由性,这即不同。从实在、常在、独存的意义说,有情是无我空的,诸法也是无我空的。本性空寂,也即是涅槃。这样,诸行无常、诸法无我、涅槃寂静的三法印,遍通一切,为有情与世间的真理。

三法印的实践性

　　佛说三法印,是非常善巧的,同一命题而作两方面解说,既是事物的真相——普遍理性,也就是实践的过程。这三者的深义本是同样的,每一法印能开显正觉的内容,即每一法印能离执证真。依无常门而悟入的，即无愿解脱门；依无我而悟入的，即空解脱门；依涅槃寂灭而悟入的，即无相解脱门。由于有情的根性不同，所以或说此，或说彼，或说二印，或说三印。如完备三法印，依声闻常道说，即先观无常，由无常而观无我，由无我而到涅槃，为修行的次第过程。如经中常说：厌、离欲、解脱，这即是依三法印修行的次第。观诸行无常，即能厌患世间而求出离；能厌苦，即能通达无我，无我我所执，即离一切爱欲；离欲即离一切烦恼，所以能得涅槃解脱。这可见三法印的教说，是将诸法的真相与修行的历程，主观与客观，事实与价值，一切都综合而统一了。这是佛陀唯一的希有教法！龙树在《大智度论》里说：无常为空门，空为无生门，这也是合于三法印次第的。他所说的空，即是无我；无生即是涅槃的异名。

第二节　三法印与一法印

从无我中贯彻一切

　　本章的标题，是"三大理性的统一"。三者能不能统一？有的学者以为三法印中的诸行无常与涅槃寂静是相反的。因为凡是无常的，即是有为法，有为法是生、住、异、灭的。涅槃是无为法，无为是不生、不灭的。生灭的与不生灭的，如何统一？因此古来某些学派，为这二者的矛盾所困恼。看重无常，将涅槃看作无常以外的；重视涅槃常住的，又轻忽了无常。这样，佛法的完整性、统一性，被破坏了。其实三法印是综贯相通的；能统一三者的，即着重于三法印中的诸法无我印。诸法，通于有为与无为，从有为无为同是无我性去理解，即能将常与无常统一起来。诸法的无我性，可从缘起法去说明。缘起法本通两方面说：一、流转的因果相生，即是无常；二、还灭的因果寂灭，即是涅槃。所以缘起能贯彻这两端；缘起是无我性的，无我也即能贯通这两端了。诸法的所以相生还灭，可以这样的理解：一切法因缘和合，所以能生；因缘离散，所以一切法归于灭。看起来，似乎有什么实体在那里生灭，其实并没有实自性的生灭。如真是实有的，那也就用不着生了。如确乎是真实有，它也决不会灭。所以从一切法的相生还灭，理解它本来无自性空的，本来无我的。

　　这三印统一于空无我的思想，非常深彻，惟有佛的弟子，像舍利弗等才能完满地通达。且拿佛《化迦旃延经》来说：迦旃延是佛弟子中"论议第一"的，佛为他说中道法：世人依于二见，堕于有边与无边。佛说中道的缘起法，即不落二边。一般人见到法生，就起有见；见到法灭，就起无见。如常人见一朵花，以为实有此花体；等到花谢落，就以为什么都没有了。小孩从母胎出生，以为实有这个有情自体；等到死了，又以为什么都没有了。世间常人总是如此实有实无的倒见。佛说缘起法，就不同了。见到法的生起，知道"此有故彼有，此生故彼生"，此法的名、相、因、果都可以说有，因此而不起无见。见到法的灭去，知道是"此无故彼无，此灭故彼灭"，由此而不起有见。能离有无二见，就是安住于中道了。不解缘起本空，容易认为佛法是诡辩，为什么常人会于生灭法起有无见，到了佛弟子，还是照样的生灭，就不生有无见呢？不知道这因为常人的心目中，总是认为真实不空的，所以见生见灭，即落于有见无见。学佛的了达一切法本是空无我的，一切现象的有生有灭，佛法并不否认它。现象确是有因果、体用的，现起与还灭的，但没有一些是实在的、常住的、独存的，仅是如幻的生灭而已。能把握这一点，就不落有无，正处中道了。

无常与常的贯彻，即在这缘起的空无我中建立。照上面说，一切法都是缘起的，没有真实性，所以生而不起有见，灭而不起无见，生灭都是缘起本空的。缘起法的归于灭，说它是空，这不是因缘离散才是灭、是空，当诸法生起时、存在时，由于了无自性可得，所以是如幻如化、空的、寂灭的。从无我而深入的本空、本寂灭、本性不生不灭，即在这缘起的生灭无常中看出。生灭无常，即是空无我的；空无我即是不生不灭的；不生不灭即是生灭无常的。这样，缘起法的本性空——无我，就贯彻三印了。一部分学者的误会，即以为涅槃是要除灭什么，如海中的波浪息灭，才能说是平静一样。因此，常与无常，生灭与不生灭，对立而不能统一。对于缘起法的流转与还灭，也打成两橛。要是从缘起无我的深义去了解，那么法的生起是幻起，还灭是幻灭，生灭无常而本来空寂。所以佛弟子的证得涅槃，不过是显出诸法实相，还他个本来如是。三法印，哪里是隔别对立而不可贯通呢？

三法印即是一法印

平常说：小乘三法印，大乘一实相印。这是似乎如此，而并不恰当的。《阿含经》与声闻学者，确乎多说三法印；大乘经与大乘学者，也确乎多说一法印。这三印与一印，好像是大乘、小乘截然不同的。其实,这不过多说而已。佛法本无大小,佛法的真理并没有两样,也不应该有两样。无常、无我、寂灭,从缘起法相说,是可以差别的。竖观诸法的延续性,念念生灭的变异,称为无常。横观诸法的相互依存、彼此相关而没有自体,称为无我。从无常、无我的观察,离一切戏论,深彻法性寂灭,无累自在,称为涅槃。《杂含》(卷一〇·二七〇经)说:"无常想者,能建立无我想。圣弟子住无我想,心离我慢,顺得涅槃。"这是依三法印而渐入涅槃的明证。然而真得无我智的,真能体证涅槃的,从无我智证空寂中,必然通达到三法印不外乎同一法性的内容。由于本性空,所以随缘生灭而现为无常相。如实有不空,那生的即不能灭,灭的即不能生,没有变异可说,即不成其为无常了。所以延续的生灭无常相,如从法性说,无常即无有常性,即事相所以有变异可能的理则。彼此相依相成,一切是众缘和合的假有,没有自存体。所以从法性说,无我即无有我性,无我性,所以现象是这样的相互依存。这样,相续的、和合的有情生死,如得无我智,即解脱而证得涅槃。涅槃的不生不灭,从事相上说,依"此无故彼无,此灭故彼灭"的消散过程而成立。约法性说,这即是诸法本性,本来如此,——法本自涅槃。涅槃无生性,所以能实现涅槃寂灭。无常性、无我性、无生性,即是同一空性。会得佛法宗旨,三法印即三解脱门,触处能直入佛陀的正觉。由于三法印即同一空性的义相,所以真理并无二致。否则,执无我,执无常,堕于断灭中,这哪里可称为法印呢!

　　佛为一般根性,大抵从无常、无我次第引入涅槃。但为利根如迦旃延等,即直示中道,不落两边。声闻弟子多依一般的次第门,所以在声闻乘中多说三法印。大乘本是少数利根者,在悟得无生法忍,即一般声闻弟子以为究竟了的境界,不以为究竟,还要悲愿利他。从这无生的深悟出发,所以彻见三法印的一贯性,惟是同一空性的义相,这才弘扬真空,说一切皆空是究竟了义。拘滞名相的传统学者,信受三法印而不信一法印;久之,大乘者也数典忘祖,自以为一法印而轻视三法印了。惟有龙树的中观学,能贯彻三印与一印。如《智论》(卷二二)说:"有为法无常,念念生灭故,皆属因缘,无有自在,无有自在故无我;无常,无我,无相,故心不著,无相不著故即是寂灭涅槃。"又说:"观色念念无常,即知为空。……空即是无生无灭。无生无灭及生灭,其实是一,说有广略。"这真是直探佛法肝心的名论!

第十三章　中道泛论

第一节　人类的德行

从神到人

佛法,不是为了说明世间,而是为了解放自己,净化世间。佛法是理智的、德行的、知行综贯的宗教,要从生活的经验中实现出来。说它是最高的哲学,不如说它是完善的道德,深化又广化的道德好。释尊从正觉中开示了缘起支性,更开示了圣道支性。圣道是恰到好处的道德,是向上、向正觉所必经的常道,所以称为"中道"、"正道"、"古仙人道"。这是佛陀所开示的惟一的人生正道——八正道。正道的具体说明,关涉到极深极广,现在先略说它的两大特色。

神教者以为德行的根源是神的,德行只是人怎么服事神,人怎么体贴神的意思来待人。如离开了神,德行即无从说起。所以在神教中,不但人的德行变成了神的奴役,而迷妄的宗教行为也被看为道德的、有价值的。释尊的中道行与神教相反,从人与人——自他的合理行为,深化到内心,扩大到一切有情、无边世界。从人本的立场,使德行从神的意旨中解放出来。《中含·伽弥尼经》说:"梵志(婆罗门)自高,事若干天,若众生命终者,彼能令自在往来善处,生于天上。"这种神教的祈祷、祭师的神权,佛以为,这等于投石水中,站在岸上祈祷,希望大石会浮起来。实则我们前途的苦乐,决定于我们行业的善恶,决不会因天神与祭师的祈祷而有所改变,所以说:"奉事日月水火,唱言扶接我去生梵天者,无有是处。"(《长含·三明经》)神教的祭祀万能,特别是血祭,释尊也反对它:"若邪盛大会,系群少特牛,水特,水牸,及诸羊犊,小小众生悉皆伤杀。逼迫苦切仆使作人,鞭笞恐怛,悲泣号呼。……如是等邪盛大会,我不称叹。"(《杂含》卷四·八九经)"作是布施供养,实生于罪。"(卷四·九三经)这种残杀牺牲、虐待仆役的大祭祀,哪里是布施,简直是作恶!所以当时的人,都以为"沙门瞿昙,呵责一切诸祭祀法"。对于《吠陀》,特别是《阿闼婆吠陀》中的咒法,以及占卜星相等迷信,如《长含·梵动经》说:"沙门瞿昙无如是事。"这些,都是无知的产物,凡是"见(真)谛人,信卜问吉凶者,终无是处。……生极苦……乃至断命,舍离此内,更从外(道)求……或持一句咒、二句、三句、四句、多句、百千句咒,令脱我苦者,终无是处。"(《中含·多界经》)说得彻底些,如《杂含》(卷四〇·一一一八经)说:"幻法,若学者,令人堕地狱。"总之,因神教而引起的祈祷、祭祀、咒术,种种迷信行为,佛法中一概否认。不但否定神教的迷信行为,而且巧妙地改造它。如婆罗门教的祭祀用三火,佛也说三火,但三火是:供养父母名根本火,供养妻儿眷属名居家火,供养沙门婆罗门名福田火(《杂含》卷四·九三经)。神教徒礼拜六方，佛也说礼拜六方，但这是亲子、师生、夫妇、亲友、主仆、宗教师与信徒间的合理的义务(《中含·善生经》)。释尊肃清了神教的宗教道德，使人生正道从神教中解放出来，确立于人类的立场，为佛法中道的特色。

从少数人到多数人

人类原为平等的，由于职业的分化，成为不同的职业层；由种族的盛衰，造成自由民与奴隶，这是古代社会的一般情形。初期的宗教与种族相结合，成为氏族的宗教，这才因种族的盛衰，而弱者的宗教被排斥，宗教就成为胜利者的特权。如耶和华为以色列人的上帝，以色列人是上帝的选民；婆罗门教为婆罗门、刹帝利、吠奢的宗教，首陀罗没有依宗教而得再生的权利。印度的四姓阶级制，不但是世俗的，而且与宗教相附合。佛以为："四姓皆等，无有种种胜如差别。"因为无论从财力说，从法律说，从政治说，从道德说(《杂含》卷二〇·五四八经)；从女人所生说，从随业受报与修道解脱说(《中含·婆罗婆堂经》)，四姓完全是平等的，是机会均等的，四姓不过是职业分化。人为的非法阶级——婆罗门假托神权的四姓说，等于"如有人强与他肉，而作是说:士夫可食！当与我直"(《中含·郁瘦歌逻经》)。佛说四姓平等，即种族优劣的根本否定。这在宗教中，佛法即为一切人的宗教，所以四姓"出家学道，无复本姓，但言沙门释迦弟子"(《增含·苦乐品》)。优婆离尊者，出身贱族，为持律第一上座，这可见佛法的人类平等精神。

　　男与女,约信仰、德行、智慧,佛法中毫无差别。如在家的信众,男子为优婆塞,女子即是优婆夷。出家众,男子为沙弥、比丘,女子即为沙弥尼、比丘尼。女众与男众,同样的可以修道解脱。依这道器的平等观,生理差别的男女形相毫无关系。如《杂含》(卷四五·一一九九经)苏摩尼所说:"心入于正受,女形复何为!"女众有大慧大力的,当时实不在少数。但释尊制戒摄僧,为世俗悉檀(《智论》卷一),即不能不受当时的——重男轻女的社会情形所限制。所以对女众的出家,释尊曾大费踌躇,不得不为她们定下敬法(《中含·瞿昙弥经》),女众虽自成集团,而成为附属于男众的。释尊答应了阿难的请求,准许女众出家,这可见起初的审慎,即考虑怎样才能使女众出家,能适应现社会,不致障碍佛法的弘通。由于佛法多为比丘说,所以对于男女的性欲,偏重于呵责女色,如说:"女人梵行垢,女则累世间。"(《杂含》卷三六·一〇一九经)其实,如为女众说法,不就是"男人梵行垢,男则累世间"吗?二千多年的佛法,一直在男众手里,不能发扬佛法的男女平等精神,不能扶助女众,提高女众,反而多少倾向于重男轻女,甚至鄙弃女众,厌恶女众,以为女众不可教,这实在是对于佛法的歪曲!

　　总之,佛法为全人类的佛法,不论贵贱、男女、老少、智愚,都为佛法所摄受,佛法普为一切人的依怙。

从人类到一切有情

　　佛法不但是人类的,而且是一切有情的。佛法所要救济的,是一切有情,所以学佛者应扩大心胸,以救护一切有情为事业。

这是佛法的广大处，如菩萨的悲心激发，不惜以身喂虎（本生谈）。然而佛在人间，佛法的修学者与被救护者，到底是以人类为主。如基于自他和乐共存的道德律，杀生的罪恶，对于人、畜生、蝼蚁，是有差别的；对于畜生、凡夫、圣人的布施，功德也不同。如忽略这普度一切有情而以人类为本的精神，如某些人专心于放生——鱼、蛇、龟、鳖，而对于罹难的人类反而不闻不问，这即违反了佛法的精神。

第二节　正觉的德行

依法修行的现觉

佛法的中道行，为人类德行的深化又广化。它所以超胜人间一般的德行，即因为中道是依于正法而契入正法的。中道行是德行的常道，与世间常遍的真理相随顺、相契合，所以经中常说"法随法行"。依中道行去实践，能达到法的体见，称为"知法入法"。体见正法的理智平等，称为"法身"。所以佛法是依法见法的德行，真理与德行，并非互不相干。依真理而发起德行，依德行去体见真理，真理与德行的统一，达到理与智、智与行的圆满，即为佛法崇高的目的。

从法性空寂或诸行无常、诸法无我、涅槃寂静等法印说，这是法法如此的，可说真理无所不在。但有情由于"无明所覆，爱结所系"，拘束于狭隘的自我私欲中，所知所行的一切，不但不能触证这本然的法性，反而障碍它。如迷方者，不但不能分别东与西,而且固执地以东为西。这样,有情住著五蕴,五取蕴成为炽然大苦。不知道无常而执常执断,无常也成为大苦。对于自然、社会、身心,弄到处处荆天棘地,没有不是苦迫的。这无明、我爱为本的一切活动,构成有情内在的深刻特性,沉没于生死海中。如不把这迷情勘破而解放过来,即永远在矛盾缺陷的苦迫中讨生活。佛法的中道行,即为了要扭转迷情的生活为正觉的生活,扭转困迫的生活为自在的生活。这所以以实证此法为目的,以随顺此法的思想行为为方法,以厌离迷情而趋向正觉为动机。因此,专修取相的分别行是不够的,佛所以说"依智不依识"。如专谈法法平等,不知行为有法与非法——顺于法与不顺于法的差别,也是不对的。所以说:"信戒无基,忆想取一空,是为邪空。"释尊的教导修行,不外乎依法而行,行到法的体证。

依法修行,虽因为根性不同,不一定现生就达到见法的目的,但佛法对于法的体悟,决不认为要实现于死后,或实现于来生、实现于另一世界。佛弟子的依法修学,决不等到未来、他方,而要求现在的证验。如现生都不能体悟得解脱,将希望寄托在未来、他方,这过于渺茫,等于不能真实体验的幻想。所以佛法的中道行,重视"自知自觉自作证"。有人以为比丘的出家,为了希求来生的幸福,某比丘告诉他:不! 出家是"舍非时乐,得现前乐"(《杂含》卷三八·一〇七八经)。现前乐,即自觉自证的解脱乐。关于法的体见,不是渺茫的,不是难得的,如佛说:"彼朝行如是,暮必得升进;暮行如是,朝必得升进。"(《中含·念处经》)这是容易到达的,问题在学者是否能顺从佛陀的开导而行。对于法的实证与可能,佛曾归纳说:"世尊现法律,离诸

热恼，非时通达，即于现法，缘自觉悟。"(《杂含》卷二〇·五五
〇经)这非时通达，即"不待时"，是没有时间限制的，什么时候
都可以开悟。即于现法，或译作"即此见"(《杂含》卷八·二一
五经)，意思是：如能修行，当下即会体悟此法的。佛法对于如
实证知的如此重视，即表示学者充满了——理智的、德行的佛法
的新生命，不是传统的、他力的宗教信仰而已。这是对于迷情生
活的否定，转化为正觉生活的关键。这是凡圣关，大乘与小乘没
有多大差别，不过下手的方便与究竟多少不同罢了。

正觉的生活

随顺于法而现觉于法的中道行，即八正道。八者是正行的
项目；而它所以是中道的，释尊曾明确地说到："莫求欲乐极下
贱业，为凡夫行，是说一边。亦莫求自身苦行，至苦非圣行无义
相应者，是说二边。……离此二边，则有中道。"(《中含·拘楼
瘦无诤经》)有人以为佛法的中道，是不流于极端的纵欲，也不
流于极端的苦行，在这苦乐间求取折中的态度。这是误会的！
要知道一般的人生，不是纵我的乐行，即是克己的苦行。这虽是
极端相反的，但同是由于迷情为本的。情欲的放纵乐行，是一般
的。发觉纵我乐行的弊病时，即会转向到克己的苦行。一般的
人生倾向，不出这两极端与彼此间转移的过程中。不论纵我的
乐行，克己的苦行，都根源于情爱，不能到达和乐与自由。所以
释尊否定这两端，开示究竟彻底的中道行，即是正见为导的人
生。自我与世间，惟有智——正见为前导，才能改善而得彻底的
完善。不苦不乐的中道，不是折中，是"以智化情"、"以智导

行"，随顺于法而可以体见于法的实践。

　　智慧为眼目的中道，顺随法而达到见法，即进入了正觉与解脱的境地，成为圣者。到此，可说真的把握了、实现了佛法。然而依法见法的中道行，是为了解脱人生的系缚苦迫，为了勘破迷情的生活，实现正觉的生活。所以到得这里，有以为一切完成了；有以为正觉的生活，恰好从此开始，有此彻悟深法的正觉，才能"行于世间，不著世间"，做种种利他的工作，完成佛陀那样的大觉。

第十四章 德行的心素与实施原则

第一节 德行的心理要素

道德的意向

中道的德行，出发于善心而表现为合理的、有益自他的行为。又以合理的善行净化内心，使内心趋向于完善——无漏。所以论到德行，应从内心与事行两方面去分别。有情内心的活动本是非常复杂的，是相互依存、相互融入，又相互凌夺、互相起伏的。每一心理活动，复杂相应，而没有丝毫自体性；分析内心的因素，不过从它的相对特性加以叙述而已。关于道德的心理因素，如道德的根源，是"无贪"、"无嗔"、"无痴"，已约略说过。今再论道德的意向，道德的努力，道德的纯洁。

惭与愧，可说是道德意向。一般人陷于重重的罪恶中，善根力非常微薄，惟有惭愧的重善轻恶，能使人战胜罪恶，使善根显发而日趋于增进。释尊说：惭愧是人类不同于禽兽的地方。这可见惭愧是人类的特点，是人的所以为人处。什么是惭愧？在人类相依共存的生活中，自己觉得要"崇重贤善，轻拒暴恶"；觉得应这样而不应那样。换言之，即人类倾向光明、厌离黑暗的自觉。这种向上的道德自觉，经常与"无惭"、"无愧"的恶行相起伏。但即使被压倒，惭愧的道德自觉也仍有现前的机会，这即是一般所说的"良心发现"，如说"内心负疚"、"问心自愧"。这道德意向的自觉，应使它充分扩展，成为德行的有力策发者。但它不但每为无惭、无愧的恶行所掩没，由于有情是迷情为本的，智力不充分、不正确，离恶向善的道德判断、良心抉择，不一定是完善的，而且是常有错误的。这所以佛说：惭愧心"自增上，法增上，世间增上"，即是说：惭愧应依（增上是依义）于自、法、世间三者的助缘来完成。

　　一、依自己：人类应自尊自重，佛说：一切有情有解脱分；一切有情有佛性。谁也有止恶行善的可能，我为什么不能？人人应努力于身正心正、自利利他的德行，圆成崇高的圣性。所以说："彼既丈夫我亦尔，不应自轻而退屈。"自我的卑劣感，自暴自弃，萎靡颓废，无论它的原因怎样，自甘堕落而缺乏自拔的向上心，在自觉的行为中到底是不道德的。一切损他的恶行，大多从这自甘堕落而来。如能自觉人格的尊严，即能使向善离恶的惭愧心活跃起来。二、依法：道德行为虽因时代环境而多少不同，但决非纯主观的，必有它的合法则性，德行是顺于法——真理的行为。由于理解真理、顺从真理（信受贤圣的教授，也属于此），所以能趋向于应行的正道。佛法的依法修行而证入于法，也即此依法的最高意义。由于尊重真理、顺从真理，向善的惭愧心即会生起来。对于应止应行的善恶抉择，也必然的更为恰当。

三、依世间：人类生而为依存于世间的，世间的共同意欲虽不一定完全合于真理，但世间智者所认为应该如何的，在某一环境时代中，多少有它的妥当性。所以离恶向善的惭愧心，不能忽略世间而应该随顺世间。释尊说："我不与世间（智者）诤。"由于尊重社会意旨，避免世间讥嫌，即能引发惭愧而使它更正确。从上面看来，道德是源于人类的道德本能，而它的引发增长到完成，要依于重人格、重真理、重世间。道德的所以是道德，应该如此非如此不可，即依这三者而决定。德行的增长完成，即对于自己人格、社会公意、宇宙真理，在向善离恶的抉择中，作得恰到好处。这其中，真理——法是更主要的，惟有从真理的理解与随顺中，能离去自我的固蔽，促进世间的向上。同时也要从自我的解脱、世间的净化中，才能达到法的完满实现，即德行的完成。

道德的努力

德行的实践，由于自我的私欲、环境的压力、知识的不充分，想充分实现出来并不容易，这需要最大努力的。这种推行德行的努力，经中称为精进与不放逸。精进是勤勇的策进，不放逸是惰性的克服。精进是破除前进的阻碍，不放逸是摆脱后面的羁绊。经中说：精进是"有势、有勤、有勇、坚猛、不舍善轭"，这如勇士的披甲前进，临敌不惧，小胜不骄，非达到完全胜利的目的不止。然精进是中道的，如佛对亿耳说："精进太急，增其掉悔；精进太缓，令人懈怠。是故汝当平等修习摄受，莫著，莫放逸，莫取相。"（《杂含》卷九·二五四经）从容中努力前进，这是大踏步地向前走，不是暴虎凭河般的前进。至于不放逸，即近人所说的警觉,所以说:"常自警策不放逸。"(《杂含》卷四七·一二五二经)警觉一切可能对于自己不利的心情及环境,特别是顺利安适中养成的惰性。能时时地警策自己,不敢放逸,即能不断向上增进。经中对于一切善行的进修,认为非精进与不放逸不可。这种心理因素,对于德行的进修有非常重要的价值!

道德的纯洁

对于佛、法、僧三宝的"信"心,在德行中,有着重要的意义。佛法所说的信,与一般宗教的信仰,是多少不同的。信是什么?"心净为性",即内心的纯洁,不预存一些主观与私见,惟是一片纯洁无疵的心情。有了这样的净心,这才对于觉者、真理、奉行真理的大众,能虚心容受,从"信顺"、"信忍"、"信求"到"证信"。信顺,是对于三宝纯洁的同情,无私的清净心,能领解事理,所以释尊说:"我此甚深法,无信云何解?"(《智论》卷一引经)世间的事理,如预存主见,缺乏同情,还难于恰当地理解对方,何况乎甚深的佛法?学佛法,要有净信为基础,即是这样的纯洁的同情,并非盲目的信仰。依此而进求深刻的理解,得到明确的正见,即名信忍,也名信可。由于见得真,信得切,发起实现这目标的追求,即名信求。等到体证真理,证实了所信的不虚,达到自信不疑的境界,即名证信——也名证净。证信是净心与正智的合一:信如镜的明净,智如镜的照物。佛弟子对于佛法的不断努力,一贯本于纯洁无疵的净信。这样的信心现前,能使内心的一切归于清净,所以譬喻为"如水清珠,自净净他"。这样的纯洁心情,为修学正法的根基,一切德行依此而发展,所以说

"信为道源功德母"。以此为善的,可见佛法的德行,对于真理是怎样的尊重! 德行的心理因素,此外还有,但以上面所说的八法为最要。

第二节 德行的实施原则

从平常到深刻与广大

德行不但是内心的,是见于事实的。引发人类的德行本能,使它实现出来,才成为善的行为。从全体佛法去理解,佛法的德行以人生的和谐、福乐、清净为理想,为标准。生存是最基本的,如离开这一根本事实,一切皆无从说起。但人类不只需要生存,更需要和谐的、福乐的、清净的生存。如充满私欲、倒见、欺凌、压迫、侵夺——杂染而不清净的生存,即无生的幸福,彼此也难于和谐,即违反人类互依共存的要求。人世间无论怎样的充满矛盾、苦痛、罪恶,无论和谐福乐清净怎样难于实现,但这到底是契于理而顺于情的人生终极的理想,到底是人类生活中的部分事实。人生德行的自觉,有意无意地以此和乐清净的人生为理想,以身心行为而契合这一标准的为善行;从自他关系中,不断努力而使它增进。

然而,自他的和乐清净,应该从无限时空的观点去眺望,这比一般所见的要扩大得多。世间的有情,如人、如畜,更低级的,或更高级的,有情是无限的众多。有情依住的器世间,也不但是渺小的地球;像地球那样的,更大更小,空间是无限的广大。有情从无始以来，在死死生生的不断相续中，时间是那样的悠久。有情与世间的一切有情，从过去到现在，都有过相依共存的关系；现在如此，将来也还要相依共存的。所以实现和乐清净的人生理想——道德准绳，不仅是这一世间、这一时代的人类。不过佛出人间，为人类说人法，还是依这人类为本，再延续于无限的时间，扩展到无限的空间，织成自他间辗转相依，辗转差别的网络。

自他生存的和乐清净，不能单着眼于外表的事行。内心会策导我们趋向于合理的行为，或误趋于不合理的行为，所以内心的是否清净，是否出于善意，对于自他的和乐清净，有着深切的关系。那么，人类的德行，应内向地深刻到内心的净化，使道德的心能增进扩展而完成。净化自心的"定慧熏修"、"离惑证真"，达到法的现觉，即德行的深化。由于自心净化，能从自他关系中得解脱自在，更能实现和乐清净的人生理想于世间，所以说"心净则众生（有情）净"。佛法的德行，不但为自他相处，更应从自心而扩大到器世间的净化，使一切在优美而有秩序的共存中，充满生意的和谐，所以说"心净则国土净"。佛法的德行，是以自他为本而内净自心，外净器界，即是从一般的德行，深化广化而进展到完善的层次。大体地说：人天的德行是一般的；声闻的德行，进展到深刻的净化自心；菩萨的德行，更扩大到国土的严净。

德行深化的真义

佛法的德行，不但是深化的。但否定世间而倾向于超脱的深化,确是佛法德行的核心。考释尊的教法,世间是"危脆败坏"的别名(《杂含》卷九·二三一经);有情是迷情为本的蕴聚,生死死生的流转者;世间是无常苦无我不净的;学者应该"依远离,依无欲,依灭,向于舍"(《杂含》卷二七·七二六经)。确认世间的无常苦迫,勤修戒定慧,即对于现实的要求超脱。现实的超脱,决不是常人所误解的悲观、厌世、否定人生。依一般说:人生是无常的,也是相续的;是苦,而色等也有乐(《杂含》卷三·八一经);是不净,也是有净相的;是无我,也有相对的假我。依人事论人事,佛法决不否定人生,反而肯定人生,以人生的和乐为道德标准,确定行为的价值,使人类努力于止恶行善。至于深化的德行,从无常苦迫的世间观,修戒定慧,倾向于无生解脱,这是另有它的深意。如《杂含》(卷一七·四七三经)说:"我以一切行无常故,一切诸行变易法故,说诸所有受悉皆是苦。"又(四七四经)说:"以诸行渐次寂灭故说,以诸行渐次止息故说,一切诸受悉皆是苦。"这是比对于寂灭而观察无限生死的流转,即不能不如此说。生而又死,死而又生,一切苦痛的领受,不消说是苦的;即使是福乐、定乐,也霎眼过去,在不知不觉的无常中幻灭。有情即生死流转的存在,终久在忽苦忽乐、忽进忽退的生死圈中。这样的生死,包含从生到死,从死到生,无限生死中的一切活动、一切遭遇。这不彻底、不究竟、不自由的生死,实在是"生老病死,忧悲苦恼"的总和,如不给予彻底解放,什么总是归于徒劳。深化的德行,即解脱生死的实践,并非专重"临终一着",专门讲鬼讲死了事。解脱生死的德行,即彻底解脱这迷情为本、自我中心的生活,使成为正觉的生活。因为现实一般的是生死，所以称超脱了的正觉为无生；现实一般的是世间，所以称超脱了的为出世。无生与出世等，即是净化这现实一般的正觉。无生与出世，即在这生死与世间中去实现。这例如革命，认定了旧政权的自私——家天下的本质，非彻底推翻，不能实现共和的新国家，这才起来革命，推翻统治层。但革命不就是破坏，同时要建立新的政权，改造社会，促进社会的自由与繁荣。佛法深化的德行，似乎重于否定，也恰好如此。这是彻底的自我革命，洗尽私欲倒见，才能从自我——我、我家、我族、我国等本位中解放出来，转移为人类——有情、法界本位的。从有漏到无漏，从世间到出世，从凡情到圣觉。这深化的德行，从一般的人生德行而进修到深入无生，又从无生出世的立场而广行自他共利的大行。深化的德行，好像否定现实一般的人生，实即是充实了完成了人生。

第十五章 佛法的信徒

第一节 信徒必备的条件

归依三宝

佛法的中道行,不论浅深,必以归戒为根基。归依、受戒,这才成为佛法的信徒——佛弟子,从此投身于佛法,直接间接地开始一种回邪向正、回迷向悟的,革新向上的行程。

释尊开始教化时,即教人归依三宝。归依,有依托救济的意思。如人落在水中,发见救生艇,即投托该船而得到救济。归依三宝,即在生死大海中的有情,信受佛法僧三宝,依止三宝而得到度脱。归依的心情是内在的,但要有形式的归依,所以学者必自誓说:"我从今日,归依佛,归依法,归依僧。"(《杂含》卷一·三〇经)佛是佛法的创觉者,即创立佛教的领导者;法是所行证的常道;僧是如实奉行佛法的大众。如通俗地说,佛即是领袖,法即是主义,僧即是集团。归依于三宝,即立愿参加这觉济人类的宗教运动,或作一般的在家众,或作特殊的出家众,以坚定的信仰来接受、来服从、来拥护，从事佛法的实行与教化。经上说：佛如医师，法如方药，僧伽如看病者——看护。为了解脱世间的老病死病、贪嗔痴病，非归依三宝不可。归依三宝，即确定我们的信仰对象，从世间的一般宗教中，特别专宗佛法，否定一切神教，认为唯有佛法才能解脱自己，才能救拔有情。所以归依文说："归依佛，永不归依天魔外道"等。归依是纯一的，不能与一般混杂的。回邪向正、回迷向悟的归依，决非无可无不可的，像天佛同化，或三教同源论者所说的那样。

归依三宝，不能离却住持三宝，但从归依的心情说，应把握归依三宝的深义。归依本是一般宗教所共同的，佛法却自有独到处。三宝的根本是法，佛与僧是法的创觉者与奉行者，对于佛弟子是模范，是师友，是佛弟子景仰的对象。修学佛法，即为了要实现这样的正觉解脱。所以归依佛与僧，是希贤希圣的憧憬，与归依上帝、梵天不同，也与归依神的使者不同。因为归依佛与僧，不是想"因信得救"，只是想从善知识的教导中，增进自己的福德智慧，使自己依人生正道而向上、向解脱。论到法，法是宇宙人生的真理、道德的规律，是佛弟子的理想界，也是能切实体现的境地，为佛弟子究竟的归宿。初学者归依三宝，虽依赖外在的三宝引导自己，安慰自己，但如到达真——法的体悟，做到了佛与僧那样的正觉，就会明白：法是遍一切而彻内彻外的缘起性，本无内外差别而无所不在的。归依法，即是倾向于自己当下的本来如此。佛与僧，虽说是外在的，实在是自己理想的模范。所以归依佛与僧，也即是倾向于自己理想的客观化。从归依的对象说，法是真理，佛与僧是真理的体现者。但从归依的心情说,只是敬慕于理想的自己,即悲智和谐而实现真理的自在者。所以学者能自觉自证,三宝即从自己身心中实现,自己又成为后学者的归依处了。

受持五戒

归依三宝,不但是参加佛教的仪式,还是趋向佛法的信愿。做一佛弟子,无论在家、出家,如确有归依三宝的信愿,必依佛及僧的开示而依法修行。归依是回邪向正、回迷向悟的趋向,必有合法的行为,表现自己为佛化的新人。所以经归依而为佛弟子的,要受戒、持戒。戒本是德行的总名,如略义说:"诸恶莫作,众善奉行,自净其心,是诸佛教。"止恶、行善、净心,这一切,除了自作而外,还要教他作、赞叹作、随喜作(《杂含》卷三七·一○五九经)。戒律本不拘于禁恶的条文,不过为了便于学者的受持,佛也特订几种法规。这所以由于所受禁戒的不同——五戒、十戒、二百五十戒等,佛弟子也就分为优婆二众、沙弥二众、式叉摩那尼众、比丘二众——七众。归依与持戒,为佛弟子必不可少的德行。

凡在家弟子,应受持五戒,五戒是不杀生、不偷盗、不邪淫、不妄语、不饮酒。这是最一般的,近于世间的德行,而却是极根本的。这五戒的原则,即为了实现人类的和乐生存。和乐善生的德行,首先应维护人类——推及有情的生存。要尊重个体的生存,所以"不得杀生"。生存,要有衣食住等资生物,这是被称为"外命"的。资生物的被掠夺,被侵占,巧取豪夺,都直接间接地威胁生存,所以"不得偷盗"。人类的生命,由于夫妇的结合而产生。夫妇和乐共处，才能保障种族生存的繁衍。为了保持夫妇的和睦，所以除了合法的夫妇以外，"不得邪淫"。人类共处于部族及国家、世界中，由语文来传达彼此情感，交换意见。为维护家族、国家、世界的和乐共存，所以"不得妄语"。妄语中，如欺诳不实的"诳语"，谄媚以及诲盗诲淫的"绮语"，挑拨是非的"两舌"，刻薄谩骂的"恶口"，这总称为妄语而应加禁止，使彼此能互信互谅而得到和谐。酒能荒废事业，戕害身体，更能迷心乱性，引发烦恼，造成杀、盗、淫、妄的罪恶。佛法重智慧，所以酒虽似乎没有严重威胁和乐的生存，也彻底加以禁止。这五者，虽还是家庭本位的，重于外表的行为，没有净化到自心，而实为人生和乐净的根本德行，出世的德行只是依此而进为深刻的，并非与此原则不同。

第二节　佛徒的不同类型

在家众与出家众

　　由于根性习尚的差别，佛弟子种种不同，如在家的、出家的。从归信佛法说，在家出家是一样的。从修证佛法说，也没有多大差别。传说：在家弟子能证得阿那含——第三果，出家能证得阿罗汉——第四果。如在家的得四果，那一定要现出家相。在家人不离世务，忙于生计，不容易达到究竟的境界，所以比喻说："孔雀虽有色严身，不如鸿雁能远飞。"但也不是绝对不能的，不过得了四果，会出家而已，所以北道派主张在家众也有阿罗汉。

那么,在家众与出家众有什么分别呢? 一、生活的方式不同:印度宗教,旧有在家与出家的二类,在家的是婆罗门,出家的是沙门。出家的远离家庭财产等世务,乞食为生,专心修行,与在家众不同。释尊最初弘法时,听众每当下觉悟。这或者自愿尽形寿归依三宝,为在家优婆塞、优婆夷。或者自愿出家,佛说"善来比丘",即名出家。纯由信众的志愿,虽没有受戒仪式,即分为二众。所以在家与出家,仅能从生活方式的不同来分别;后来,当然应从受戒差别去分别。二、负担任务的不同:比丘等从佛出家,开始僧团的组合。佛世的在家众,是没有组织的。释尊曾命比丘们分头去教化,将佛法普及到各方(《五分律》卷一六)。考释尊的出家,即为了不忍有情的苦迫;以法摄僧,即为了"正法久住"。出家人没有妻儿家业等纷扰,度着淡泊的生活,在当时确能弘法利生。出家众重法施,在家众重于财施。这虽不一定是一般出家者的本意,但释尊确是将弘法利生的任务托付出家僧。惟有在这生活方式、负担任务的不同上,能分在家众与出家众。如约信解行证说,实难于分别。

声闻与辟支佛

声闻,是听闻佛法声而修行的,为佛弟子的通名,通于在家出家。此外又有辟支佛,即无师自通的"独觉",如摩诃迦叶,即是辟支佛根性。考释尊教化的出家弟子,本有二类:一、人间比丘,二、阿兰若比丘。人间比丘,生活不过分的刻苦,游化人间,过着和乐共住的大众集团生活。阿兰若比丘,如迦叶那样,是绝对厌恶女性的——阿难劝释尊度女众出家,曾受到迦叶的责难;

专修头陀苦行的;好静而独住阿兰若的;甚至不愿为大众说法的(《杂含》卷四一·一一三八经;又一一三九经)。释尊的时代,厌世苦行的风气非常浓,所以从佛出家的弟子,阿兰若比丘也不少,他们以为修行是应该如此的(提婆达多的五法是道,即头陀行的极端者)。如迦叶那样的独觉根性,是典型的头陀行者——"头陀第一";厌世极深,而自尊心又极强。他自信为"若如来(释尊)不成无上正真道者,我则成辟支佛"(《增一含·一入道品》),自以为没有佛的教化也会自觉的,所以传说辟支佛胜于声闻。头陀行是印度一般所风行的,迦叶早就修学这些,他以为这是辟支佛所必行的,如《增一含·一入道品》说:"辟支佛尽行阿练若……行头陀。"但释尊并没有修头陀行,声闻弟子也不一定行头陀行,而且还劝迦叶不要修头陀行(《杂含》卷四一·一一四一经;《增一含》之《莫畏品》、《一入道品》),但迦叶不肯,说:"我今不从如来教。……彼辟支佛尽行阿练若……行头陀。如今不敢舍本所习,更学余行。"(《增一含·一入道品》)释尊也只得方便地安慰他,赞叹头陀功德。总之,释尊教化的声闻弟子已受到时机的限制,不能大畅本怀;而头陀苦行的阿兰若比丘,辟支根性,更与释尊的人间佛教精神上大大的不同。释尊涅槃后,摩诃迦叶头陀系压倒阿难而取得僧团的领导地位,声闻佛法这才加深了苦行、隐遁、独善的倾向,被菩萨行者呵责为小乘。

菩　萨

　　声闻是释尊教化的当机,但有极少数更能契合释尊正觉真精神的，称为菩萨，如弥勒、善财等。释尊未成佛前，也称为菩萨。菩萨，意译为"觉有情"，是勇于正觉的欲求者。菩萨的修行，如本生谈所说，或作王公、宰官，或作商人、农工，或作学者、航海家等，侧重于利益有情的事业，不惜牺牲自己，充满了慈悲智慧的精进，这不是一般声闻弟子所及的。菩萨如出家，即像《弥勒上生经》说："不修禅定，不断烦恼。"这是急于为众而不是急于为己的；是福慧并重而不是偏于理智的；是重慧而不重定的；是不离世间利济事业而净自心，不是厌世隐遁而求解脱的。佛世的阿难，为了多闻正法，侍奉佛陀，不愿意急证阿罗汉；眘婆得阿罗汉后，为了广集福德而知僧事；富楼那冒险去化导犷悍的边民，都近似菩萨的作风。这类重于为他的根性，在佛法的流行中，逐渐开拓出大乘，显示释尊正觉的真义。

第十六章　在家众的德行

第一节　一般的世间行

人天行

　　出世的德行，是一般德行的胜进，是以一般人的德行为基础而更进一步的。佛法为了普及大众，渐向解脱，所以有依人生正行而向解脱的人天行。佛弟子未能解脱以前，常流转于人间天上；而佛法以外的常人，如有合理的德行，也能生于人天，所以佛法的世间正行，是大体同于世间德行的。释尊为新来的听众说法，总是"如诸佛法先说端正法，闻者欢悦，谓说施、说戒、说生天法"（如《中含·教化病经》）。我们知道，生死是相续的，业力的善恶会决定我们的前途。在没有解脱以前，应怎样使现生及来生能进步安乐，这当然是佛弟子关切的问题。佛法不但为了"究竟乐"，也为了"现法乐"与"后法乐"。怎样使现生与未来能生活得更有意义，更为安乐，是"增上生"的人天心行。也即是修学某些德行，能使现实的人生更美满，未来能生于天上人间。释尊的时代,一般人或要求人间的美满,或盼望天宫的富乐自由。依佛法真义说,天上不如人间;但随俗方便,也说生天的修行。印度宗教的人天法,充满了宗教的迷信生活——祭祀、祈祷、咒术等;而佛说的人天法,即纯为自他和乐的德行——施与戒,及净化自心的禅定,主要为慈悲喜舍的四无量心。

布施不如持戒,持戒不如慈悲等定,这是佛为须达多长者所说的(《增一含·等趣四谛品》)。布施是实际利他的善行,但一般常含有不纯正的动机,如"有为求财故施,或愧人故施,或为嫌责故施,或畏惧故施,或欲求他意故施,或畏死故施,或诳人令喜故施,或自以富贵故应施,或诤胜故施,或妒嗔故施,或憍慢自高故施,或为名誉故施,或为咒愿故施,或解除衰求吉故施,或为聚众故施,或轻贱不敬施"(《智论》),这都不是佛陀所赞叹的。即使是善心净心的布施,究竟是身外物的牺牲,不及持戒的功德。持戒是节制自己的烦恼,使自己的行为能合于人间和乐善生的目标。然一般地说,持戒还偏重身语的行为,如慈悲喜舍等定,降伏自心的烦恼,扩充对于一切有情的同情,这种道德心的净化、长养,更是难得的。即使还不能正觉解脱,也能成为解脱的方便。所以释尊常说:布施、持戒,能生人天;要生色界天以上,非修离欲的禅定不可。不过,禅定是倾向于独善的,偏重于内心的,如修慈悲、欣厌等禅定而取著,即会生于天国。从正觉的佛法说,还不如持戒而生于人间的稳当。

正常的经济生活

在家众,首先应顾虑到经济生活的正常,因为有关于自己、

家庭的和乐,更有关于社会。释尊曾为少年郁阇迦说:"有四
法,俗人在家得现法安现法乐。"(《杂含》卷四·九一经)一、方
便具足:是"种种工巧业处以自营生"。如没有知识、技能从事
正当的职业,寄生生活是会遭受悲惨结局的。《善生经》也说:
"先当习技艺,然后获财业。"正当的职业,如"田种行商贾,牧牛
羊兴息,邸舍以求利,造屋舍床卧,六种资生具"(《杂含》卷四
八·一二八三经);"种田、商贾,或以王事,或以书疏算画"(《杂
含》卷四·九一经)。一切正当的职业,都可以取得生活。如有
关淫、杀、酒,以及占卜、厌禁、大称小斗等,都是不正当的,特别
是像陀然梵志那样的,"依傍于王,欺诳梵志、居士,依傍梵志、
居士,欺诳于王"(《中含·梵志陀然经》)。他为了女人,而假借
政府的力量来欺压民众,利用民众的力量来欺压政府,从中贪
污、敲诈、剥削、非法取财,这是不能以家庭负担或祭祀、慈善等
理由而减轻罪恶的。二、守护具足:即财物的妥善保存,不致损
失。三、善知识具足:即结交善友,不可与欺诳、凶险、放逸的恶
人来往,因为这是财物消耗的原因之一。《善生经》说:财产的
损耗有六种原因,即酗酒、赌博、放荡——非时行、伎乐、恶友与
懈怠。四、正命具足:即经济的量入为出,避免滥费与悭吝。滥
费,无论用于哪一方面,都是没有好结果的。悭吝,被讥为饿死
狗,不知自己受用,不知供给家属,不知供施作福,一味悭吝得卢
至长者那样,不但无益于后世,现生家庭与社会中也不会安乐。
释尊提示的正常经济生活,在当时的社会环境中,可说是非常适
当的办法。

合理的社会生活

人在社会中,与人有相互的关系。要和乐生存于社会,社会能合理地维持秩序,应照着彼此的关系,各尽应尽的义务。佛曾为善生长者子说六方礼,略近儒家的五伦说。善生长者子遵循遗传的宗教,礼拜天地四方,佛因教他伦理的六方礼。六方礼,即以自己为中心,东方为父母,南方为师长,西方为妻,北方为友,下方为仆役,上方为宗教师。这六方与自己,为父子、师弟、夫妻、亲友、主仆、信徒与宗教师的关系。彼此间有相互应尽的义务,不是片面的,如《长阿含》、《中阿含》的《善生经》详说。六方中的夫妇,应彼此互相的保持贞操。没有君臣、兄弟,可摄于亲友中。亲友,原文含有上下的意味,近于长官与部属的关系。对于自己的友属,应以四摄事来统摄。"布施",以财物或知识提高友属的物质与精神生活。"爱语",以和悦的语言来共同谈论。"利行",即顾到友属的福利事业。"同事",即共同担任事务,与友属一体同甘苦。这四摄是社团,尤其是领导者必备的条件,所以说:"以此摄世间,犹车因工(御工)运。……以有四摄事,随顺之法故,是故有大士,德被于世间。"(《杂含》卷二六·六六九经)菩萨以四摄来化导有情,负起人类导者的责任,也只是这一德行的扩展。主人对于仆役,除了给以适宜的工作而外,应给以衣食医药,还要随时以"盛馔"款待他,给以按时的休假。这在古代社会,是够宽和体贴的了!六方中,特别揭示师弟、宗教师与信徒的关系,看出释尊对于文化学术的重视。

德化的政治生活

释尊舍王子的权位而出家,对当时的政治情势、互相侵伐的争霸战,是不满意的。他常说"战胜增怨敌,败苦卧不安,胜败二俱舍,卧觉寂静乐"。释尊为国际的非战主义者,对于当时的政治,对于当时的君主,少有论及,更不劝民众去向国王誓忠。关于国族的兴衰,佛曾为雨势大臣说七法(《长含·游行经》)。古代政治,每因国王的贤明与否,影响国计民生的治乱苦乐,所以佛曾谈到国王有十德:一、廉恕宽容,二、接受群臣的诤谏,三、好惠施而与民同乐,四、如法取财,五、不贪他人的妻女,六、不饮酒,七、不戏笑歌舞,八、依法而没有偏私,九、不与群臣争,十、身体健康。如《增一含·结业品》所说,这是重在陶养私德,为公德的根本。《中本起经》说:"夫为世间将(导),顺正不阿抂,矜导示礼仪,如是为法王。多愍善恕正,仁爱利养人,既利以平均,如是众附亲。"这是极有价值的教说!国王临政的要道,主要是公正,以身作则,为民众的利益着想;特别是"利以平均",使民众经济不致贫富悬殊,这自然能得民众的拥护,达到政治的安定繁荣。

佛经传说轮王的正法治世,一般解说为佛教理想的政治,其实是古代印度的现实政治,留传于民间传说中。传说阿私陀仙说:释尊如不出家,要作轮王。依佛经所记,从众许平等王以来,古代有过不少的轮王。上面说过,轮王的统一四洲,本为印欧人扩展统治的遗痕。佛化的轮王政治,略与中国传说的仁政、王政(徐偃、宋襄也还有此思想)相近。正法治世,是"不以刀杖,以法治化,令得安稳"的。对于臣伏的小国来贡献金银,轮王即说:"止!止!诸贤!汝等则为供养我已。但当以正法治,勿使偏枉,无令国内有非法行。"(《长含·转轮圣王修行经》)正法即五戒、十善的德化。轮王的统一,不是为了财货、领土,是为了推行德化的政治,使人类甚至鸟兽等得到和乐的善生。

第二节　特胜的信众行

五法具足

优婆塞与优婆夷,以在家的身份来修学佛法。关于家庭、社会的生活,虽大体如上面所说,但另有独特的行持,这才能超过一般的人间正行而向于解脱。修行的项目,主要为五种具足(《杂含》卷三三·九二七经等)。一、信具足:于如来生正信,因佛为法本,佛为僧伽上首,对如来应有坚定正确的信仰。信心是"深忍乐欲,心净为性",即深刻信解而又愿求实现的净心——这等于八正道的正见、正志。二、戒具足:即是五戒。五戒不仅是止恶的,更是行善的,如不杀生又能爱护生命。在家信徒于五戒以外,有加持一日一夜的八关斋戒的:于五戒外,"离高广大床";"离花鬘、璎珞、涂香、脂粉、歌舞、娼妓及往观听";"离非时食";淫戒也离夫妇间的正淫。有的彻底离绝男女的淫欲,称为"净行优婆塞"。这八关斋戒与净行,是在家信众而效法少分的出家行,过着比较严肃的生活,以克制自心的情欲。三、施具足:

如说:"心离悭垢,住于非家,修解脱施、勤施、常施、乐舍财物、平等布施。""心住非家",即不作家庭私产想,在家信众必须心住非家,才能成出离心而向解脱。供施父母、师长、三宝,出于尊敬心;布施孤苦贫病,出于悲悯心。也有施舍而谋公共福利的,如说:"种植园果故,林树荫清凉,桥船以济渡,造作福德舍,穿井供渴乏,客舍给行旅,如此之功德,日夜常增长。"(《杂含》卷三六·九九七经)上二种,等于八正道的正语到正精进。四、闻具足:施与戒,重于培植福德。要得佛法的正知见,进求正觉的解脱,非闻法不可。这包括"往诣塔寺"、"专心听法"、"闻则能持"、"观察甚深微妙义"等。五、慧具足:即"法随法行"而体悟真谛——这等于八正道的从精进到正定。佛为郁阇迦说四种具足,将闻并入慧中,因为闻即是闻慧。这样,才算是"满足一切种优婆塞事"。以信心为根本,以施、戒为立身社会的事行,以闻、慧为趋向解脱的理证。名符其实的优婆塞、优婆夷,真不容易!但这在佛法中,还是重于自利的。如能自己这样行,又教人这样行,"能自安慰,亦安慰他人",这才是"于诸众中,威德显曜"的"世间难得"者(《杂含》卷三三·九二九经)!五法而外,如修习禅定,在家众多加修四无量心。

六　念

在家的信众,于五法而外,对心情怯弱的,每修三念:念佛、念法、念僧。或修四念,即念三宝与戒。或再加念施;或更加念天,共为六念,这都见于《杂阿含经》。这主要是为在家信众说的,如摩诃男长者听说佛与僧众要到别处去,心中非常难过

(《杂含》卷三三·九三二、九三三经)；还有难提长者(《杂含》卷三〇·八五七、八五八经)，梨师达多弟兄(《杂含》卷三〇·八五九、八六〇经)也如此。诃梨聚落主身遭重病(《杂含》卷二〇·五五四经)；须达多长者(《杂含》卷三七·一〇三〇经等)，八城长者(《杂含》卷二〇·五五五经)，达摩提离长者(《杂含》卷三七·一〇三三经)也身患病苦。贾客们有旅行旷野的恐怖(《杂含》卷三五·九八〇经)；比丘们有空闲独宿的恐怖(《杂含》卷三五·九八一经)。这因为信众的理智薄弱，不能以智制情，为生死别离、荒凉凄寂的阴影所恼乱，所以教他们念——观想三宝的功德，念自己持戒与布施的功德，念必会生天而得到安慰。这在佛法的流行中，特别是"念佛"，有着非常的发展。传说佛为韦提希夫人说生西方极乐世界，也还是为了韦提希遭到了悲惨的境遇。所以龙树《十住毗婆沙论》说：这是为心情怯弱者所作的方便说。这种依赖想念而自慰，本为一般宗教所共同的；神教者都依赖超自然的大力者，从信仰、祈祷中得到寄托与安慰。念佛等的原理，与神教的他力——其实还是自力，并没有什么差别。经中也举神教他力说来说明，如说："天帝释告诸天众，汝等与阿须轮共斗战之时生恐怖者，当念我幢，名摧伏幢，念彼幢时恐怖得除。……如是诸商人！汝等于旷野中有恐怖者，当念如来事、法事、僧事。"(《杂含》卷三五·九八〇经，又参《增一含·高幢品》)。他力的寄托安慰，对于怯弱有情，确有相对作用的。但这是一般神教所共有的，如以此为能得解脱，能成正觉，怕不是释尊的本意吧！

在家信众的模范人物

　　现在举几位佛世的在家弟子,略见古代佛教信众处身社会的一斑。一、须达多是一位大富长者,财产、商业、贷款,遍于恒河两岸。自信佛以后,黄金布地以筑祇园而外,"家有钱财,悉与佛弟子——比丘、比丘尼、优婆塞、优婆夷共"(《杂含》卷三七·一○三一经)。对于自己的家产,能离去自我自私的妄执,看为佛教徒共有的财物,这是值得称叹的。波斯匿王大臣梨师达多弟兄也如此:"家中所有财物,常与世尊及诸比丘、比丘尼、优婆塞、优婆夷等共受用,不计我所。"(《杂含》卷三○·八六○经)须达多受了佛的指示,所以说:"自今已后,门不安守,亦不拒逆比丘、比丘尼、优婆塞、优婆夷,及诸行路乏粮食者。"从此,彼"于四城门中广作惠施,复于大市布施贫乏,复于家内布施无量"(《增一含·护心品》),这难怪须达多要被人称为"给孤独长者"了。二、难提波罗,是一位贫苦的工人。他为了要养活盲目的老父母,所以不出家,却过着类似出家的生活。他不与寡妇、童女交往,不使用奴婢,不畜象马牛羊,不经营田业商店;他受五戒、八戒,而且不持不蓄金银宝物;他专门作陶器来生活,奉养父母。农业是多少要伤害生命的;商业的"以小利侵欺于人",也不免从中剥削;畜牧是间接的杀害。佛法中没有奴婢,所以他采取工业生活(《中含·频婆陵耆经》)。工业,在自作自活的生活中,更适宜佛法的修学。三、摩诃男,是佛的同族弟兄。净饭王死后,由他摄理迦毗罗国的国政。他诚信佛法,佛赞他"心恒悲念一切之类"(《增一含·清信士品》)。在流离王来攻伐释种,大肆屠杀时,摩诃男不忍同族的被残杀,便去见流离王说:"我今没在水底,随我迟疾,使诸释种并得逃走。若我出水,随意杀之。"哪知他投水自杀时,自己以发系在树根上,使身体不致浮起来。这大大地感动了毗流离,才停止了残酷的屠杀(《增一含·等见品》)。佛弟子的损己利人,是怎样的悲壮呀!

第十七章　出家众的德行

第一节　出家众与僧伽生活

出家与入僧

信众的出家，过着淡泊的乞士生活，称为比丘。在家的虽同样的可以解脱，而释尊的时代，出家是比较适宜些。如说："居家至狭，尘劳之处；出家学道，发露旷大。我今在家，为锁所锁，不得尽形寿修诸梵行。我宁可舍少财物及多财物，舍少亲族及多亲族，剃除须发，着袈裟衣，至信舍家，无家学道。"(《中含·迦絺那经》)家有什么可厌？如经中所说：由于人类财产私有，男女系属，这才引发淫、盗、杀、妄等社会纠纷。为避免人间的混乱而成立国家，但从来的国家制，建立于家庭的私欲占有基础，所以虽多少限制彼此的冲突，而不能彻底实现人间的和乐。国家权力的扩张，每征收过分的赋税，甚至掠夺人民，不断引起国族间的残杀。所以在家的五戒，也还是基于一般的家庭基础。如淫以不得非法(当时的法律习惯)侵犯他人男女为标准。不盗，一切公物私物不得非法占有。这不过顺从当时——男女互相系属、财产彼此私有的社会，节制自我，维持不完善、不理想的秩序，实是不完善的道德。所以出家的真义，即为否定固有社会的价值，放弃财产私有，眷属系著，投身于新的世界。"不拜王"，"四姓出家，同名为释"，即不受姓氏种族限制的集团，否认王权的至上。这难怪以家庭伦理为本位的儒家，要大惊小怪起来。

真实的出家者，为了"生老病死忧悲苦恼"的解脱。解脱这些，需要内心烦恼的伏除，也需要社会环境的变革。内心清净与自他和乐，本是相关的。释尊为深彻的悲慧所动，冲破旧社会而出家，适应当时的机宜，以宗教者的身份阐扬根本的彻底的教化。出家即自我私有的否定，营为舍离我执的生活。当然，也有为了国事、盗贼、债务、生活的逼迫而出家，或身虽出家，而依然在经济占有、男女爱著的心境中过活，不能契合出家真义的。凡是真实的出家者，一定不受狭隘的民族、国家主义所拘蔽。但出家并不能出离社会，不过离开旧的而进入新的社会——僧伽。

僧团生活的一斑

参加僧团，即依戒律而过集团的生活，参加释沙门团而过平等自由的生活。关于僧团生活，这里只能提到一点。参加僧团，要经受戒的仪式。如中途不愿出家，不妨公开地舍戒，退出僧团。"见和同解"，出家的有不可缺少的五年依止修学的严格义务，养成正确而一致的正见。如自立佛法的邪说，先由师友再三地劝告,还是固执的话,那就要运用大众的力量来制裁他。"戒和同行",基于任何人也得奉行的平等原则。大众的事情,由完具僧格的大众集议来决定。这又依事情轻重,有一白三羯磨——一次报告,三读通过;一白一羯磨——一次报告,一读通过;单白羯磨——就是无关大体的小事,也得一白,即向人说明。出家人的个人行动,完全放在社会里面。议事的表决法,经常采用全体通过制。如一人反对,即不能成立;也有行黑白筹而取决多数的。如违反净化身心、和乐大众的戒律,都要忏悔,向大众承认自己的错失。如犯重的,要接受大众的惩罚,令他为公众作苦工,或一切人不与他交谈,不与他来往,使他成为孤独者。如犯不可忏悔的重罪,即不能容他存留在僧团,这才能保持僧团的清净。所以说:"佛法大海,不宿死尸。"僧团中没有领袖,没有主教,依受戒的先后为次第;互相教诫,互相慰勉,结成一和合平等的僧团。尊上座,重大众,主德化,这是僧团的精神。"利和同均",出家众过着乞士的生活,一切资生物——衣食住药四缘,都从乞化、布施而来。这或有属于团体公有的,或有属于私人的。释尊依当时的社会经济状况,制定生活的标准。但由于人类私欲的根深蒂固,不能不设法逐渐调伏,也容许有过量的衣物,但必须"净施"。净施,是特殊的制度,公开地奉献于大众、别人,然后由大众交还他管理使用。出家者在这样的民主的、自由的、平等的僧团中,度着少欲知足的淡泊生活,游行教化,专心定慧,趋向清净的解脱。这些,如毗奈耶中说。

第二节　解脱的正行

八　正　道

正觉解脱的正道,经中虽说到种种的项目,但八正道是根本的,是一切贤圣所必由的。关于八正道,经中有不同的叙述:一、从修行的目标说,得正定才能离惑证真;而要得正定,应先修正见到正念,所以前七支即是正定的根基、助缘。如《杂含》(卷二八·七五四经)说:"于此七道分为基业已,得一其心,是名贤圣等(正)三昧根本、众具。"(参《中含·圣道经》)二、从修行的先导说,正见是德行的根本。如《杂含》(卷二八·七五〇经)说:"诸善法生,一切皆以(慧)明为根本。……如实知者,是则正见。正见者,能起正志……正定。"正见即明慧,是修行的摄导,如行路需要眼目,航海需要罗盘一样。所以说:"如是五根(信、进、念、定、慧),慧为其首,以摄持故。"(《杂含》卷二六·六五四经)正见对于德行的重要性是超过一般的,所以说:"假使有世间,正见增上者,虽复百千生,终不堕恶趣。"(《杂含》卷二八·七八八经)大乘的重视般若,也即是这一意义的强化。而菩萨的大慧、深慧,不怕生死流转而能于生死中教化众生,也即是这正见——般若的大力。三、以正见为首,以正精进、正念为助而进修。如正见,专心一意于正见,努力于正见的修学。又从正见中了解正志,专心一意于正志,努力于正志的修学。像这样,正语、正业、正命也如此。这样的正见为主,正精进、正念为助,

"以此七支习助具,善趣向心得一者,是谓圣正定。"(《中含·圣道经》)这是重视精进与专心,而看作遍助一切支的。这三说,并没有什么矛盾。

佛法的修学,以正觉解脱为目标。到达这一目标,要先有闻、思、修慧。"正见",最先是闻慧,即对因果、事理、四谛、三法印等,从听闻正法而得正确深切的信解;理解佛法,以佛法为自己的见地。正见是分别邪正、真妄的,知邪是邪,知正是正,舍邪恶而信受纯正的(参《中含·圣道经》)。这是"于法选择、分别、推求、觉知、黠慧、开觉、观察"(《杂含》卷二八·七八五经)的抉择正见。如正见善恶因果、生死的相续与解脱,还是世间的正见,能"转向善道"而不能出世。如对于四谛真理的如实知见,"依离,依无欲,依灭,向于舍",那才是向解脱的出世正见。这样的正见,并不是浮浅的印象,要精进的努力、正念的专一,才能成就。得了佛法的正见,即应引发"正志"——奘译"正思惟"。这是化正见为自己的理想,而立意去实现的审虑、决定、发动思。从理智方面说,这是思慧——如理思惟,作深密的思考,达到更深的悟解。从情意方面说,这是经思考而立意去实现,所以正志是"分别、自决、意解、计数、立意"。思慧不仅是内心的思考,必有立志去实现的行为,使自己的三业合理,与正见相应。所以正志同时,即有见于身体力行的戒学,这即是"正业"、"正语"、"正命"。正语是不妄语、不绮语、不两舌、不恶口,及一切的爱语、法语。正业是不杀、不盗、不淫,与一切合理的行动。正命是合理的经济生活。佛法以智慧为本的修行,决不但是理观。理解佛法而不能见于实际生活,这是不合佛法常道的。"正精进"是离恶向善、止恶行善的努力，遍通一切道支。如专从止恶行善说，即戒的总相。以正见为眼目，以正志所行的正戒为基础，以正精进为努力，这才从自他和乐的止恶行善，深化到自净其心的解脱。"正念"是对正见所确认、而正志立意求它实现的真理，念念不忘地忆持现前。念是定的方便，因念的系念不忘而得一心，即"正定"。由于一心的湛寂，如实正智能依之现前。正念与正定，即修慧阶段。由修慧——与定相应的正见而发无漏慧，才能完成正觉的解脱。八正道的修行，即戒、定、慧三学的次第增进，也是闻、思、修三慧的始终过程，为圣者解脱道的正轨。

道的必然性与完整性

八正道是向上向解脱所必经的正轨，有它的必然性。中道的德行，是不能与它相违反的。出家众依此向解脱，在家众也如此。所不同的，出家众的正命指少欲知足的清净乞食；在家众是依正常的职业而生活。生活方式不同，所以正命的内容不同，但同样要以合理的方法而达到资生物的具足。这不应该非法取得，也不能没有。没有或缺乏，是会使身心不安而难于进修的。佛教信众的解脱行，固然非依此不可；即使没有出离心、没有解脱慧的一般世间行，也不能与八正道相违。八正道有二类：有"世俗有漏，有取，转向善趣"的，有"圣出世间无漏，不取，正尽苦转向苦边"的（《杂含》卷二八·七八五经）。这二者的差别，根本在正见。如是因果、善恶、流转、解脱的正见，以此为本而立志、实行，这是世俗的人天正行。如是四谛理的正见，再本着正见而正志、修行，即是能向出世而成为无漏的。

佛法以八正道为德行的总纲,这不是孤立的、片面的,是完整的、关联的,是相续发展、相依共存的,是知与行、志向与工作、自他和乐与身心清净的统一。佛法的德行,贯彻于正确的正见中;由知见来指导行为,又从行为而完成知见:这是知行的统一。依正见确立正志——向于究竟至善的志愿,有志愿更要有实际工作。没有志向,实行即漫无目的;但也不能徒有志愿,惟有实践才能完成志愿:这是志向与工作的统一。对人的合理生活,经济的正常生活,这是有情德行而表现于自他和乐中的;定慧的身心修养,是有情德行而深刻到身心清净,这也有相依相成的关系。释尊随机说法,或说此,或说彼,但人类完善的德行,向解脱的德行,决不能忽略这德行的完整性。否则,重这个,修那个,即成为支离破碎,不合于德行的常轨了。

道的抉择

"八正道行入涅槃",是唯一而不许别异的正道。所以佛临灭时,对须跋陀罗说:"若诸法中无八圣道者,则无第一沙门果,第二、第三、第四沙门果。以诸法中有八圣道故,便有第一沙门果,第二、第三、第四沙门果。"(《长含·游行经》)这是怎样明确的开示!如来虽说有许多德行的项目,都是不出于八圣道的。如"四念处"即正念的内容;"四正断"是正精进的内容;"四圣种"是正命的内容;"四神足"是正定起通的内容。五根与五力:信(信解)即正见、正志相应的净心;精进即含摄得戒学的正精进;念即正念;定即正定;慧即依定而得解脱的正见。五根、五力与八圣道的次第内容,大体是一致的。"七觉支",偏于定慧的说明。佛法道支的总体，或说为三增上学（《杂含》卷二九·八一七经）。三增上学是有次第性的：依戒起定，依定发慧，依慧得解脱。八正道的以正见为首，这因为正见（慧）不但是末后的目标，也是开始的根基，遍于一切支中。如五根以慧为后，而慧实是遍一切的，所以说："成就慧根者，能修信根（精进、念、定也如此）；……信根成就，即是慧根。"（《杂含》卷二六·六五六经）慧学是贯彻始终的，八正道的正见，侧重它的先导；三学的慧学，侧重它的终极完成。参照五根的慧根摄持，即可以解释这一次第的似乎差别而实际是完全一致。

佛法的依戒而定，从定发慧，一般误解的不少。定本是外道所共的，凡远离现境的贪爱，而有系心一境——集中精神的效力，如守窍、调息、祈祷、念佛、诵经、持咒，这一切都能得定。但定有邪定、正定、净定、味定，不可一概而论。虽都可作为发定的方便，但正定必由正确的理解、正常的德行、心安理得、身安心安中引发得来。如经中常说："因持戒便得不悔，因不悔便得欢悦，因欢悦便得喜，因喜便得止，因止便得乐，因乐便得定。"佛对郁低迦说："当先净其初业，然后修习梵行。……当先净其戒，直其见，具足三业，然后修四念处。"（《杂含》卷二四·六二四经）满慈子对生地比丘说："以戒净故得心（定的别名）净，以心净故得见净。"（《中含·七车经》）一般学者，每不从"净其戒，直其见"下手，急急地求受用、求证得，这难怪持咒等的风行了！其次，从定发慧，也并非得定即发慧，外道的定力极深，还是流转于生死中。要知道，得定是不一定发慧的。从定发慧，必由于定前——也许是前生的"多闻熏习，如理思惟"，有闻、思慧为根基。不过散心的闻、思慧,如风中的烛光摇动,不能安住而发契悟寂灭的真智,所以要本着闻、思的正见,从定中去修习。止观相应,久久才能从定中引发无漏慧。不知从定发慧的真义,这才离一切分别抉择,不闻不思,盲目地以不同的调心方法去求证。结果,把幻境与定境看作胜义的自证而传扬起来。

第十八章　戒定慧的考察

第一节　戒

忏悔与持戒

八正道的内容,即戒、定、慧三增上学,今再分别地略为论说。厌倦一般生活,感到私欲占有的家庭罪恶,痛切有情的自相残杀,一切是无常与苦迫。发心出家的,必对于这样的人生有所警觉,对于过去的自己有所不满。对于生死有厌离心,即对于自己有忏悔心,这才能生活于出家的僧团而得佛化的新生。在家的信众,也要有"住非家想"的见地,才能成解脱分善根,或者现身证觉。所以在受戒时,举行真诚的忏悔是非常重要的。释尊初期的弟子,都有过人生的深切警觉与痛悔。动机的纯正与真切,没有什么戒条,也能自然地合律。等到佛法风行,动机不纯的出家者多起来,佛这才因事制戒。但在外人看起来,似乎制戒一多,僧品反而卑杂了。《中含·伤歌逻经》即这样说:"何因何缘,昔沙门瞿昙施设少戒,然诸比丘多得道者? 何因何缘,今沙门瞿昙施设多戒,然诸比丘少得道耶?"依释尊以法摄僧的意义说,需要激发为法的真诚;依僧团律制的陶冶,也能使学者逐渐地入律。所以说:"我正法律,渐作渐学,渐尽渐教。……为比丘、比丘尼、优婆塞、优婆夷施设禁戒。"(《中含·瞻波经》)就是发心纯正的出家者,有时也会烦恼冲动起来,不能节制自己而犯了戒。这对于佛法的修习是极大的障碍,需要给以戒律的限制;已经犯戒的,即责令忏悔,使他回复清净。经中常说:"有罪当忏悔,忏悔即清净。"因为一度的烦恼冲动,铸成大错,即印下深刻的创痕,成为进修德行的大障碍,不能得定,不能发慧。如引发定慧,必是邪定、恶慧。佛法的忏悔制,于大众前坦白地披露自己的过失,接受僧团规定的处罚。经过一番真诚的痛切忏悔,即回复清净。如瓶中有毒,先要倒去毒物,洗涤干净,才可以安放珍味。如布帛不净,先要以灰皂等洗净,然后可以染色。所以惟有如法的忏悔,才能持律清净,才能使动机不纯的逐渐合律。忏悔与持戒,有着密切的关系。所以戒律的轨则,不在乎个人,在乎大众;不在乎不犯——事实上每不能不犯,在乎犯者能忏悔清净。学者应追踪古圣的精神,坦白地发露罪恶,不敢覆藏,不敢再作,使自己的身心清净,承受无上的法味。

持戒与慈悲

戒律的广义,包含一切正行。但依狭义说,重在不杀、不盗、不淫、不妄语等善。出家众的四根本戒,比在家五戒更严格。淫戒,连夫妇的正淫也禁止;妄语,重在未证谓证等大妄语,这都与定学有关。不杀、盗、淫、妄为根本的戒善,出家众多从消极的禁止恶行说。但在家众持戒，即富有积极的同情感。要知戒善是合法则的，也是由于同情——慈悲喜舍的流露而表现于行为的。如《杂含》（卷三七·一〇四四经）佛为鞞纽多罗聚落长者说："若有欲杀我者，我不喜；我若所不喜，他亦如是，云何杀彼？作是觉已，受不杀生、不乐杀生"——淫盗等同。释尊称这是"自通之法"，即以己心而通他人之心的同情，近于儒家的恕道。所以身语根本戒的受持不犯，不但是他律的不可作，也是自律的觉得不应该作。这例如不杀，不使一切有情受杀生苦，也是给一切有情以安全感。进一步，更要爱护有情的生命，戒不即是慈悲的实践吗？《杂含》（卷三二·九一六经）佛为刀师氏聚落主说："若于有心杀生，当自悔责不是不类。若不有心杀生，无怨无憎，心生随喜。……心与慈俱。……如是偷盗对以悲心，邪淫对以喜心，妄语对以舍心。"这以四无量心别对四戒，不过约它的偏重说，其实是相通的。如《中含·波罗牢经》佛为波罗牢伽弥尼说："自见断十恶业道，念十善业道已，便生欢悦；生欢悦已，便生于喜；生于喜已，便止息身；止息身已，便身觉乐；身觉乐已，便得一心。伽弥尼，多闻圣弟子得一心已，则心与慈俱，……无结、无怨、无恚、无诤"——悲喜舍同。依五戒、八戒、十善业而说到四无量心，这是经中常见的教说。尤其是《增一含·三宝品》，以施为"施福业"，五戒四无量为"平等福业"，七觉支为"思维福业"，这即是施、戒、定三福业，而佛称戒与四无量为平等福业，属于戒善，这是极有意义的。平等即彼此的同一，大乘所说的平等慈、同体悲，即是这一深义的发挥。慈悲喜舍与定心相应而扩充它，即称为四无量。这本是戒的根源；由于戒业清净,同情众生的苦迫,即引发慈悲喜舍的"无上人上"法。戒与四无量的相关性,可证明佛法——止恶、行善、净心的一切德行,本出于对人类——有情的同情,而求合于和乐善生的准则。戒与慈悲,是侧重于"无嗔"善根的。但这在限于时机的声闻法中,还不能充分地发挥出来!

第二节　定

离欲与定

依戒生定,是在三业清净的基础,修得清净的禅定(三昧、瑜伽等大同小异),为内心体验必要的修养法。印度从《奥义书》以来,已极其流行。释尊参学时,也曾学过。佛虽不满于一般的禅,但从引发真慧来说,不能不说是方便;所以在佛法的德行中,还是有此一着。习定的方法尽可不同,但大抵调身、调息、调心,使精神集中而归于平静。这有一重要事实,即修习禅定必以离欲为先。如贪恋一般的现实生活,那是不能得定的。换言之,非鄙视——轻视现实生活,而倾向于内心——身心的理想生活不可。厌人间,欣天国;厌此间,慕他方,都可以得定的。禅定的本质,不外乎厌此欣彼,厌尘欲而欣心乐。由于禅定的离欲,所以初下手时,先"呵五欲"——对于微妙的色、声、香、味、触,认识它的过患而厌弃它,尤其是男女欲。三界中的欲界,侧重于五欲及性欲,非离这物欲与性欲,即不能得定,不能生色界天,色界是没有这些欲的。所以如不能依定发慧,那么厌离物欲,厌离男女欲,专心修定,即是外道的天行。印度一般的出家者,即是这样的。佛法的出家生活,也即适应这一类根性。

禅定必须离欲,欲到底是什么呢? 微妙的五欲,不过是诱发情欲的因缘。内心一向受着环境的诱惑,所以呵责五欲。欲是习以成性、随境染著的贪欲。所以说:"欲、我知汝本,意以思想生,我不思想汝,则汝而不有。"(《法句经》)《杂含经》(卷四八·一二八六经)说:"非世间众事,是则之为欲。心法驰觉想,是名士夫欲。"佛法的修定离欲,重于内心烦恼的调伏,并非拒绝世间一切。否则,守护根门,远离五欲,会同于外道波罗奢那的堵塞聪明了(《杂含》卷一一·二八二经)。人类有眼等五根,即不能不受用五境;生存人间,即不能不衣食资生。所以佛法的离欲,不是拒绝这些,是净化自心而适当的——合于社会情况、合于身心需要而受用这些,不为环境的爱著而牵转。所以《杂含》(卷二一·五六四经)说"三断",有"依食断食";《中含·漏尽经》说"七断",有"从用(资生具)断"。特别是释尊自身的生活,可作确切的证明。释尊的生活,不但是粪扫衣,也有名贵的金缕衣;不但是粗食,也有百味食;不但树下坐,也住高楼重阁;不但独住山林,也常与四众共住。佛虽如此,还是被称为少欲、知足、无事、寂静(《中含·箭毛经》)。这可见问题在内心;不系恋于环境,不追逐于尘欲,那么随缘适量的享受,无不是少欲知足。反之,如贪欲炽盛,那即使远离人间,粗衣恶食,也算不得少欲、离欲(参《杂含》卷一三·三○九经)。同样的,如说女人为男人的戒垢——男人为女人的戒垢,而戒垢实是内心的情欲。所以犯淫戒,也不像理学者那样重视肉体的贞操。有比丘因淫欲心重，将生殖器割去。佛呵责他：当断的——贪欲不断，不该断的倒断了！然而，人类生而有男女根，淫欲不是生死根本，佛法的出家众为什么要严格禁绝，不像对于衣食资生的相对节制呢？这可以说：衣食是无情的，虽与社会有关，但比较容易自由控制。男女的牵制，系缚力特别强；在男女相互占有的社会结构中，苦痛是无法避免的，实是障道的因缘。在当时的社会中，适应当时的出家制，所以彻底戒绝男女的淫欲。如人间为北俱罗洲式的，依此而向出世，男女问题也许会像衣食一样的解决了。大乘净土中，有菩萨僧而没有出家众，即是这社会理想的实现！

一般的禅定，也有观慧，如厌此欣彼的"六行观"；又如四无色的"唯心观"；"不净观"与"九想观"等，都可从定中去修习，也可修此来得定，但这不一定能解脱。佛法常说依定发慧，所依的定不必是极深的，多少能集中精神就可以了。所以不得"根本定"的，或但得"未到定"的，但是一念相应"电光喻定"的，都可以引发胜义慧，离烦恼而得解脱。如"慧解脱阿罗汉"，不得禅定，但对于生死的解脱已切实做到。否则，定心愈深，愈陶醉于深定的内乐中，即愈对佛法不相应。如因定而生最高或顶好的世界，也不能解脱，反而是"八难"的一难。佛法修定而不重定，是毫无疑问的。偏于禅定的，必厌离尘境而陶醉于内心。久而久之，生活必流于忽略世间的现实生活，思想必落于神我型的唯心论。佛法是缘起论，从现实经验的有情着手。立足于心色依存的缘起论，有自他和乐的僧制，这不是倾向独善、唯心者的境界。后期佛法的唯心论，与禅师瑜伽师结不解缘，这是有它发展的必然性的。禅定，要远离物欲与男女欲，但不知定境也同样的是贪欲。《中含·苦阴经》中，论到"五欲"，主要的是物质占有欲。论到"色"，即是男女互相占有的淫欲。论到"觉"，即四禅定的定相应受。经中一一说明他的味著、过患与出离；禅定以离物欲及性欲为主，而不知禅定也还是无明贪欲的产物。这对于专谈"受用"的学者，是怎样适当的教授！

定与神通

佛教的圣者，如"慧解脱阿罗汉"，虽究竟解脱，还是没有神通的。反之，外道得根本定的也有五通。依禅定而发神通，这是印度一般所公认的。神境通、天眼通、天耳通、他心通、宿命通——五通，是禅定所引发的常人所不能的超常经验。这究竟神奇到什么程度，姑且不谈；总之，精神集中的禅师，身心能有某些超常经验，这是不成问题的。这不是佛法的特色，不能获得正觉的解脱，是外道所共有的。古代宗教的神秘传说，与有人利用这些神秘现象，号召人民作军事的叛变，这都是事实。佛法所重的是漏尽通，即自觉烦恼的清净。佛弟子能深入禅定的，即有此五通，佛也不许他们利用这些来传布佛法，更不许利用来招摇名利。非特殊情形，不能随便表现。如有虚伪报道，为佛法的大妄语戒，勒令逐出僧团。神通，对于社会、对于自己的危险性，惟有释尊才能深刻理会得。那些以神秘来号召传布佛法的，真是我佛罪人！

第三节　慧

闻思修与慧

无漏慧的实证,必以闻、思、修三有漏慧为方便。如不闻、不思,即不能引发修慧,也即不能得无漏慧。《杂含》(卷三〇·八四三经)曾说四预流支:"亲近善男子,听正法,内正思惟,法次法向。"这是从师而起闻、思、修三慧,才能证觉真理,得须陀洹——预流果。这是修行的必然程序,不能躐等。然从师而起三慧的修学程序可能发生流弊,所以释尊又说四依:"依法不依人,依义不依语,依了义不依不了义,依智不依识。"作为修学的依准。一、亲近善知识,目的在听闻佛法。但知识不一定是善的,知识的善与恶,不是容易判断的。佛法流传得那样久,不免羼杂异说,或者传闻失实,所以品德可尊的,也不能保证传授的可信。善知识应该亲近,而不足为佛法真伪的标准,这惟有"依法不依人"。依法考辨的方法,《增一含·声闻品》曾略示大纲:"便作是语:我能诵经,持法,奉行禁戒,博学多闻。正使彼比丘有所说者,不应承受,不足笃信。当取彼比丘而共论议案法共论。……与契经相应,律法相应者,便受持之。设不与契经、律、阿毗昙相应者,当报彼人作是语:卿当知之! 此非如来所说。"考辨的方法,佛说为四类:(一)教典与"契经、律、阿毗昙都不与相应,……不与戒行相应,……此非如来之藏",即否认它是佛法。(二)如教典不合,而照他的解说,都是"与义相应"的。这应该说："此是义说,非正经本。尔时,当取彼义,勿受经本。"这是虽非佛说而合于佛法的,可以采取它的义理。(三)如不能确定"为是如来所说也,为非也",而传说者又是"解味不解义"的,那应该"以戒行而问之"。如合于戒行,还是可以采取的。(四)如合于教典、合于义理的,"此真是如来所说,义不错乱",应该信受奉行。这即是以佛语具三相来考辨。释尊或专约教典,说"以经为量";或专约法义,说"三法印";或专约戒行,说"波罗提木叉是汝大师"。这依法不依人,是佛法慧命所寄,是古代佛法的考证法。在依师修学时,这是唯一可靠的标准。我们要修学佛法,不能为宗派所缚,口传所限,邪师所害,应积极发挥依法不依人的精神,辨别是佛说与非佛说,以佛说的正经为宗,以学者的义说为参考,才能引生正确的闻慧。二、从师多闻正法,要从语言文字中,体会语文的实义。如果重文轻义,执文害义,也是错误的,所以"依义不依语"。经上说:"闻色是生厌,离欲,灭尽寂静法,是名多闻。"(《杂含》卷一·二五经)正法的多闻,不是专在名相中作活计,是理会真义而能引解脱的行证。多闻,决不能离圣典语文而空谈,但也不能执文害义。否则尽管博闻强记,在佛法中是一无所知的无闻愚夫!三、义理有随真理法相说,有曲就有情根性说,这即是了义与不了义、胜义说与世俗说。如不能分别,以随机的方便说作为思考的标准,就不免颠倒,所以说"依了义不依不了义"。这样,才能引发正确深彻的思慧。如以一切为了义,一切教为圆满,即造成佛法的笼统与混乱。四、法次法向是修慧。依取相分别的妄识而修,无论如何也不能得解脱,不能引发无漏正智,所以说"依智不依识"。应依离相、无分别的智慧而修,才能正觉,引导德行而向于正觉的解脱。佛法以正觉的解脱为目标,而这必依闻、思、修三而达到;闻慧又要依贤师良友。这三慧的修学,有必然的次第,有应依的标准。这对于正法的修学者,是应该怎样的重视释尊的指示!

慧与觉证

在家出家的圣弟子,依八正道行,确有如实的悟证境地,这是经中随处可见的。到此,净化自心功夫,才达到实现。怎样的观慧才能引发如实觉呢? 方便是非常众多的,或说四念处——观身不净,观受是苦,观心无常,观法无我;或说四谛观;或说缘起的生起还灭观。但达到根本处,切近实证处,都是同观实相的——空、无相、无愿三解脱门。这是三法印的观门:依无常成无愿门,依无我成空门,依涅槃成无相门。等到由此而知法入法,即无二无别。如前“三大理性的统一”中说:法性是空寂而缘起有的,从缘起的生灭边,观诸行无常与诸法无我;从缘起的还灭边,观诸法无我与涅槃寂静。直从法性说,这即是性空缘起的生灭观,生灭即是寂灭。所以四谛观,缘起观,或侧重缘起流转而观不净、苦、无常、无我,都是契入法性空的方便。由于适应时机,根治对于物欲、色欲的系著,所以说苦观、不净观。如不能依苦而起无量三昧,或偏于不净观,会造成严重的错误,佛世即有比丘厌身而自杀的(如《杂含》卷一三·三一一经)。佛为此而教令修安般,这哪里是佛法观慧的常道!

法,是缘起假名而本来空寂的,但人类由于无始来的愚昧,总是内见我相,外取境相,不知空无自性,而以为确实如此。由此成我、我所，我爱、法爱，我执、法执，我见、法见。必须从智慧的观察中来否定这些，才能证见法性，离戏论缠缚而得解脱。这必须"于此识身及外境界一切相，无有我、我所见、我慢、使、系著"（《杂含》卷一·二三经）。必须"不见一法可取而无罪过者。我若取色，即有罪过。……作是知已，于诸世间则无所取，无所取者自觉涅槃"（《杂含》卷一〇·二七二经）。要不住四识住，"攀缘断已，彼识无所住，……于诸世间都无所取、无所著。无所取、无所著已，自觉涅槃"（《杂含》卷二·三九经）。由慧观而契入法性，不是取相分别识的观察，是从无自性分别而到达离一切取相戏论的。如有一毫相可取，即不入法性。所以如中道的德行，从离恶行善的方面说，这是要择善而固执的；但从离相证觉说，如取著善行，以为有善行可行，有我能行，即成为如实觉的障碍，大乘称之为"顺道法爱"。释尊所以常说："法尚应舍，何况非法？"如佛常说地水火风等观门，如"于地有地想，地即是神（我），地是神所，神是地所。彼计地即是神已，便不知地。……于一切有一切想，一切即是神，一切是神所，神是一切所。彼计一切即是神已，便不知一切"（《中含·想经》）。所以佛为跋迦利说"真实禅"——胜义空观说："于地想能伏地想，于水、火、风想，无量空入处想，识入处想，无所有入处，非想非非想入处想，此世他世，日月，见闻觉识，若得若求，若觉若观，悉伏彼想。跋迦利！比丘如是禅者，不依地、水、火、风，乃至不依觉观而修禅。"（《杂含》卷三三·九二六经）这是都无所住的胜义空观，迦旃延修这样的禅观，由于佛的教化——缘起假有性空的中道而来（《杂含》卷一二·三〇一经），这是慧证法性的不二门。

第十九章　菩萨众的德行

第一节　菩萨行通说

空与慈悲

前来所说的在家与出家,约释尊适应当时的一般声闻弟子说。本章的菩萨,虽不出于在家与出家,但约追踪释尊精神、发挥释尊本怀的佛教徒说。菩萨道源于释尊的本教,经三五百年的孕育长成,才发扬起来,自称大乘。大乘教虽为了适应时机而多少梵化,然而它的根本原理,到底是光华灿烂,能彻见佛法真髓的!

先从空与慈悲来说明菩萨道。空,是《阿含》本有的深义,与菩萨别有深切的关系。佛曾对阿难说:"阿难! 我多行空。"(《中含·小空经》)这点,《瑜伽论》(卷九〇)解说为:"世尊于昔修习菩萨行位,多修空住,故能速证阿耨多罗三藐三菩提,非如思惟无常苦住。"这可见菩萨是以修空为主的,不像声闻那样的从无常苦入手。《增一含·序品》也说:"诸法甚深论空理，……此菩萨德不应弃。"如从缘起的三法印的深义说，无常即无有常性，本就是空的异名。但一般声闻弟子，对于无常故苦的教授，引起厌离的情绪极深。声闻、辟支佛们，不能广行利济众生的大事，不能与释尊的精神相吻合。他们虽也能证觉涅槃空寂，但由于厌心过深，即自以为究竟。声闻的方便适应性，限制了释尊正觉内容的充分开展。佛从菩萨而成，菩萨的观慧直从缘起的法性空下手，见一切为缘起的中道，无自性空、不生不灭、本来寂静。这样，才能于生死中忍苦而不急急地自了，从入世度生中向于佛道。

与戒律有关的慈悲，声闻也不能说没有的。但佛灭百年，已被歪曲为粗浅的了(《四分律》七百结集)。声闻者不能即俗而真，不能即缘起而空寂，以为慈悲等四无量心但缘有情，不能契入无为性。不知四无量心是可以直入法性的，如质多罗长者为那伽达多说：无量三昧与空三昧、无相三昧、无所有三昧，有差别义，也有同一义。约"无诤"义说，无量与无相等，同样是能空于贪、嗔、痴、常见、我、我所见的(《杂含》卷二一·五六七经)。从空相应缘起来说，由于有情无自性，是相依相缘相成，自己非独存体，一切有情也不是截然对立的，所以能"无怨无嗔无恚"。了达有情的没有定量性，所以普缘有情的慈悲——无缘慈，即能契入空性。四三昧中，三三昧即三解脱门，依三法印而成观；无量三昧，即是依苦成观。观一切有情的苦迫而起拔苦与乐的同情，即"无量心解脱"。由于声闻偏重厌自身苦，不重愍有情苦；偏重厌世，不能即世而出世，这才以无量三昧为纯世俗的。声闻的净化自心，偏于理智与意志，忽略情感。所以德行根本的三善根,也多说"离贪欲者心解脱,离无明者慧解脱",对于离嗔的无量心解脱,即略而不论。声闻行的净化自心是有所偏的,不能从净化自心的立场成熟有情与庄严国土;但依法而解脱自我,不能依法依世间而完成自我。这一切,等到直探释尊心髓的行者,急于为他,才从慈悲为本中完成声闻所不能完成的一切。

德行是应该均衡的、和谐的扩展,不能如声闻行那样偏颇。如针对厌离情深的声闻,应重视大悲的无嗔。对于不善根的根治,也认为贪欲是不善的,但不是最严重的。贪欲不一定厌弃有情,障碍有情,世间多少善事,也依贪爱而作成;惟有嗔恚,对有情缺乏同情,才是最违反和乐善生的德行,所以说"一念嗔心起,八万障门开"。恶心中,没有比嗔恚更恶劣的。菩萨的重视慈悲,也有对治性。论理,应该使无痴的智慧、无贪的净定、无嗔的慈悲,和谐均衡地扩展到完成。

从声闻到菩萨

佛法,从一般恋世的自私的人生,引向出世的无我的人生。这有不可忽略的两点,即从家庭而向无家,从自他和乐而向自心净化。其中,出家的社会意义,即从私欲占有的家庭,或民族的社会关系中解放出来。这一出家,从离开旧社会说,多少带点个人自由主义的倾向;如从参预一新的社团说,这是超家族、超国界的大同主义。声闻的出家众,虽有和乐——自由、民主、平等僧团,但限于时机,乞食独身的生活,在厌世苦行的印度思潮中,偏重于"己利"的个人自由。出家的社会意义,是私欲占有制的否定,而无我公有的新社会,当时还不能为一般所了解,只能行于出家的僧团中,戒律是禁止白衣旁听的。但彻见佛法深义的学者,不能不倾向于利他的社会和乐。菩萨入世利生的展开,即是完成这出家的真义,做到在家与出家的统一。这是入世,不是恋世,是否定私有的旧社会,而走向公共的和乐的新社会。同样的,一般人的自他和乐,道德或政法,基于私欲的占有制,这仅能维持不大完善的和乐。声闻者发现自我私欲的罪恶根源,于是从自他和乐而向自心净化的德行。然而净化自心,不但是为了自心净化,因为这才能从离欲无执的合理行为中,促进完成更合理的和乐善生。这样,菩萨又从自心净化而回复到自他和乐。从自他和乐中净化自心,从自心净化去增进自他和乐,实现国土庄严,这即是净化自心与和乐人群的统一。所以菩萨行的特点,是透出一般人生而回复于新的人生。

菩萨行的开展,是从两方面发展的:一、从声闻出家者中间发展起来。起初,是"外现声闻身,内秘菩萨行";自己还是乞食、淡泊、趣寂,但教人学菩萨,如《大品经》的转教。到后来,自认声闻行的不彻底,一律学菩萨,这如《法华经》的回小向大。现出家相的菩萨,多少还保留声闻气概。这称为渐入大乘菩萨,在菩萨道的开展中,不过是旁流。二、从声闻在家信众中间发展起来。在家众修行五法而外,多修六念与四无量(无量三昧能入真,也是质多长者说的),这都是大乘法的重要内容。如维摩诘、善财、常啼、贤护等十六大士,都从在家众的立场,努力于大乘思想的教化。这称为顿入大乘的菩萨,是菩萨道的主流。新的社会——净土中,有菩萨僧,大多是没有出家声闻僧的;天王佛成佛,也是不现出家相的。印度出家的释迦佛,仅是适应低级世界——其实是印度特殊的宗教环境的方便。佛的真身,是现在家相的,如维摩诘,"示有妻子,常乐梵行";常啼东方求法,也与女人同车。这是从悲智相应中,做到了情欲与离欲——情智的统一。声闻的出家者,少事少业,度着乞食为法的生活。佛法为净化人类的崇高教化,度此淡泊精苦的生活,不是负社会的债,是能报施主恩的。换言之,真能修菩萨行,专心为法,过那独身生活,教化生活,当然是可以的。然而,菩萨行的真精神,是"利他"的。要从自他和乐的悲行中去净化自心的,这不能专于说教一途,应参与社会一切正常生活,广作利益有情的事业。如维摩诘长者的作为,如善财所见善知识的不同事业:国王、法官、大臣、航海者、语言学者、教育家、数学家、工程师、商人、医师、艺术家、宗教师等,这些都是出发于大愿大智大悲,依自己所作的事业,引发一般人来学菩萨行。为他利他的一切,是善的德行,也必然增进自己,利益自己的。利他自利,在菩萨行中得到统一。

第二节　从利他行中去成佛

三　心

菩萨行是非常深广的,这只能略举大要,可从《般若经》的依止三心而行六度万行来说。三心,是"一切智智相应作意,大悲为上首,无所得为方便"。一、无所得为方便,是菩萨行的善巧——技巧。一般的行为,处处为自我的私欲所累,弄得处处是荆棘葛藤,自己不得自在,利他也不外自私。这惟有体悟空无所得,才能解脱自由。声闻虽体悟不取一切法相的空慧,由于偏于空寂,所以自以为一切究竟,不再努力于自利利他的进修。这样,无所得又成为障碍了。菩萨的空慧,虽是法增上的理智,但从一切缘起有中悟解得来,而且是悲愿——上求佛道、下化有情所助成的,所以能无所为而为,成为自利利他的大方便。二、一切智智相应作意,是菩萨行的志向。一切智智即佛的无上觉。心与佛的大觉相应,浅显地说,这是以悲智圆成的大觉大解脱为目标,立定志向而念念不忘地趋求,要求自己也这样的大觉,这是自增上的意志。一般的意欲,以自我为中心而无限地渴求。声闻行以无贪得心解脱,偏于自得自足。菩萨的发菩提心,是悲智融和净化了的意志。有这大愿欲,即是为大觉而勇于趋求的菩萨。三、大悲为上首,菩萨行的方便、志趣,都以大悲为上首的。大悲是菩萨行的动机,是世间增上的情感。为了救济一切,非以无所得为方便,一切智智为目标不可。"菩萨但从大悲生,不从余善生。""未能自度先度他,菩萨于此初发心。"这是菩萨行的心髓,以慈悲为本,从利他中完成自利——其实是自利与利他的互相促进,进展到自利利他的究竟圆成。

依三心修六度

依上面所说的三心,才能修菩萨的六度。但这是说,菩萨的一切德行,不能离去这伟大目标、纯正动机、适当技巧,不是说三者圆满了再来修学。六度是菩萨行的大纲,如《增一含·序品》说:"菩萨发意趣大乘,如来说此种种别,人尊说六度无极,布

施、持戒、忍、精进、禅、智慧力如月初,速度无极观诸法。"现在
略叙它的特点:一、施:菩萨布施,初发心时,即将一切舍与有情。
不仅是财物,就是自己的身体、知能,也否定为私有的,奉献于一
切,因为这是依于父母师长等而来。即以财物来说,再不看作自
己的。一切属于一切,自己仅是暂时的管理人。从世间缘成、世
间共有的立场,为法为人而使用这些。就是修行的功德,也是由
于佛菩萨的教导,由于有情的助成,也不能执为自己私有的。愿
将此一切归于——回向有情,等一切有情成佛,自己再成佛。
"有一众生未成佛,终不于此取泥洹。"这样的一切施,即菩萨
"净施"。二、戒:为自他和乐善生而不得杀、盗、淫、妄,菩萨是
更彻底的。声闻适应印度重定的天行——重于离欲净心,所以
以淫、盗、杀、妄为次第,严格地禁止男女情欲。菩萨从"本来清
净"、"本来不生"的悟解,又从净化自心而回复到自他的和乐,
又以不得杀、盗、淫、妄为次第。对于一切有情的悲济,虽不为局
限于人类的学者所谅解,但扩展慈悲不忍的同情到一切,显出了
对于善生的无限尊重。从大智的契合真理、大悲的随顺世间来
说,戒律决非消极的"不"、"不"可以了事;必须慈悲方便的能
杀、能盗、能淫、能妄,才能完满地实现。如有人残害人类——有
情,有情因此遭受难堪的苦迫。如不杀这恶人,有情会遭受更大
的惨运;恶人将造成更大的罪恶,未来会受更大的痛苦。那么宁
可杀这恶人,宁可自己堕地狱,不能让他作恶而自害害他。这
样,应以慈悲心杀这恶人,这不是杀少数救多数,是普救一切,特
别是对于作恶者的怜愍。因为怜愍他,所以要杀他。但愿他不
作恶业,不堕地狱,即使自己因此落地狱,也毫不犹豫。对于杀

害这个人,是道德的,是更高的德行,是自愿牺牲的无限慈悲。同样的,无论是国王、宰官、平民,如有非法的掠取财物,那不妨"废其所主",取消这王臣及聚落主的权位,从巧取、豪夺、侵占、偷窃者手中夺回来,归还被夺者,这当然需要方便——技巧。推翻他,从他手中索回,对于这个人或少数人也是善行。如让他受用非法得来的财物,即会加深他的罪恶;夺他,即是拯救他。菩萨的心中,是没有疾恶如仇的,应该是悲悯恶人过于善人。但这不是姑息纵恶,要以"我不入地狱,谁入地狱"的精神,起来杀他夺他。对于合理的少数或个人——多数是更应该的,为了救护他,不使他受非法的杀害、掠夺、奸淫、欺诳,如非妄语不可时,即不妨妄语。对于异性的恋合,如可以因此而引他入正途,使他离恶向善,出家者也不妨舍戒还俗,以悲悯心而与他好合。总之,不得杀、盗、淫、妄,为佛法极严格的戒条,甚至说:一念盗心即犯盗戒,一念淫心即犯淫戒,谨严到起心动念处。然而为了慈悲的救护,菩萨可以不问所受的戒而杀、盗、淫、妄。这样的犯戒,是合理的持戒,是究竟的持戒,所以说:"有犯戒成尸罗波罗蜜,谓菩萨教化众生,不自观戒。"三、忍:施能摄受大众,戒能和乐大众,但有情间的隔碍、误会嫉害,是免不了的。菩萨为了贯彻上求佛道、下化众生的志愿,必须坚定地忍耐,经得起一切的迫害苦难;即使是牺牲生命,也不能违背菩萨行。难行能行,难忍能忍,这才能完成菩萨的德行。否则,施与戒的努力,会功败垂成。四、进:这已略有说到。菩萨行的精进是无限的、广大的精进,修学不厌,教化不倦的。发心修学,救济有情,庄严国土,这一切都是为了一切的一切,不是声闻那样的为了有限目标,急求自了而努力。菩萨是任重道远的,如休舍优婆夷那样,但知努力于菩萨行的进修,问什么成不成佛。五、禅:这是自心调伏的静定,不一定是静坐,坐不过是初学的方便。菩萨禅要与悲智相应,从一切处去实践,做到动定静也定,如维摩诘所说的那样。《中含·龙象经》也说:"内心至善定,龙(喻佛)行止俱定,坐定卧亦定,龙一切时定。"又如弥勒菩萨那样的"不修禅定,不断烦恼",可作初学菩萨行的模范。因为如悲心不足,功德不足,急急地修定,不是落于外道"味定",就落入声闻"证实际"的窠臼。禅定是六度的一度,但应先从悲智中努力。六、慧:从胜义慧的悟入缘起性空说,这是与声闻一致的。不过菩萨应先广观一切法空,再集中于离我我所见。同时,不但是胜义慧,也重于世俗智,所以说"菩萨求法,当于五明处求"。五明中,"声明"是文字、音韵学等;"因明"是论理学、认识论;"医方明"是医药、卫生学等;"工巧明"是理论科学、实用科学;"内明"才是佛法。如不能这样,怎能教化有情? 菩萨的自利利他行,一切都摄在这六度中。

依六度圆满三心

　　菩萨的修行六度,出发于三心,归结于三心,又进修于三心的推移过程中。试约菩萨行的历程来解说:一、立菩提愿,动大悲心,得性空见——无所得,这即是无贪、无嗔、无痴三善根的扩展。起初,以大悲心、真空见来确立大彻悟、大解脱的大菩提愿,即是发菩提心——这等于八正道的从正见而正志。不过八正道重于解脱,不谈慈悲。二、本着三心和合的菩提愿,从自他和乐本位,修施、戒、忍、精进,也略学禅、慧,作种种利他事业;这等于八正道的从正志到正精进，即是修大悲行。三、这样的本着三心而精进修行，等到悲心悲事的资粮充足，这才转向自心净化，修定发慧；这等于八正道的从正精进到正定。由利他而自利，证无所得的空寂理，这是般若的实证。四、接着，本着实证慧导摄的三心，广修六度，再从自他和乐本位，"成熟有情，庄严国土"，即是以自利成利他的大悲行——略近声闻自证以上的随缘教化。末了，自利圆满，利他圆满，圆成究竟的大菩提。这佛陀的大菩提，即无贪、无嗔、无痴三善根的圆成，也是依法、依世间、依自的德行的完成。成佛，即是扩展人生，净化人生，圆满究竟的德行，这名为即人成佛。

菩萨不从自私的私欲出发，从众缘共成的有情界——全体而发心修行。对于依法、依自、依世间的，无贪、无嗔、无痴的德行，确能完满开展而到达完成。然从菩萨的入世济生说，我们的世间，由于菩萨僧的从来没有建立，始终受着声闻僧的限制，形成与世隔离。所以菩萨的理想世界——净土，还不能在这个世间出现。有合理的世界，更能修菩萨行，开展增进德性而成佛；如在和乐的僧团中，比丘们更容易解脱一样。所以如确为大乘根性的菩萨众，应该多多为弥勒世界的到来而发心！

第二十章　正觉与解脱

第一节　声闻的解脱

次第证果

贤愚万别的佛弟子,经善知识的教诲、僧团的陶炼,如依法修行,谁也能得正觉的解脱。正觉——三菩提与解脱,是佛与声闻弟子所共同的,不过声闻众重于解脱,佛陀重于正觉罢了。在家出家的声闻众,为了无限生死的苦迫,觉了生死的根源是无明、贪爱,依中道行去修持,即能向于正觉,到达生死解脱。这必须坚毅恳到的精进,经非常努力,才能豁然大悟,超凡成圣,转迷情的生活为正觉的生活。学者的进修实证,略分四级:(一)须陀洹——预流果,这是内心初得从来未有的体验"知法入法"。虽没有究竟,但生死已可说解脱了。那时,断了生死根本,彻见寂灭法性,如说:"于此法(灭),如实正慧等见,三结尽断知,谓身见、戒取、疑,是名须陀洹果。不堕恶道,必定正趣三菩提,七有天人往生,然后究竟苦边。"(《杂含》卷三·六一经)三结是系缚生死烦恼中最重要的：身见即我见，由于智慧的证见无我性，不再于自身生神我想了。如阐陀说："不复见我，唯见正法。"（《杂含》卷一〇·二六二经）戒取，即执种种邪戒——苦行、祭祀、咒术等为能得解脱的。圣者不会再生戒取，去作不合理的宗教邪行。疑，是对于佛法僧的犹豫。圣者"初得法身"，与佛及僧心心相印，还疑惑个什么！依此进修，经（二）斯陀含——一来，（三）阿那含——不还，到究竟解脱的（四）阿罗汉。阿罗汉，是生死的解脱者——无生；烦恼贼的净尽者——杀贼；值得供养尊敬的圣者——应供。如经中说：须陀洹虽破除烦恼，还有"余慢"未尽（《杂含》卷五·一〇五经）。此慢，或称为"慢类"。这是虽因无我智力，不再起分别的我我所见，但无始来习以成性的"内自恃我"，还不能净尽，所以还剩有有限——七生或一生的生死。这需要再经不断的努力，才能彻底根绝，达到究竟解脱的境地。

　　声闻的证得初果与四果，是极不一致的。大智慧的如舍利弗，最愚笨的如周梨槃陀伽。年龄极老的如须跋陀罗，一百二十岁；顶年轻的，如七岁沙弥均头。阿难从佛极久，还没有证阿罗汉；而舍利弗、憍陈如们，不过几天就成了阿罗汉。而且，证得须陀洹以后，有现身进修即得阿罗汉的，也有证得初果或二果、三果后停顿不前的。但生死已有限量，究竟解脱是不成问题了。证果的情形不一，大抵基于根性利钝，及信道——深信三宝而努力求其实现的精诚程度而定。这是人人可得的，但如心有所著，有所偏，不能恰到好处地行乎中道，特别是乱心妄执，那就非常难得了！

生死解脱

生死解脱,在圣者是自觉自证的。"我生已尽,梵行已立,所作已办,不受后有。"现生涅槃的自证智,从"见法"说:由于无常无我而悟入法法归于寂灭,现觉得没有一毫可取可著的。这无著无累的觉证,即涅槃无生——生死不可得的确证。从"离欲"——烦恼说:不但在空性的现觉中,如日朗天空,没有一些儿阴影;即使从此出观,回复平常的心境——世俗智,也自觉得烦恼不起。这是可以试验的,如舍利弗说:"作是思维:我内心中为离欲不?是比丘当于境界或取净相(即故意想男女的亲爱、声色的娱心等),若觉其心于彼远离,顺趣浚注。……则能堪任自记:于五欲功德离欲解脱。"(《杂含》卷一八·四九三经)这样,确见自己的烦恼净尽,不会再从自我私欲私见而行动,即不会再作感生死的后有业。如明灯不再加油,不久会归于息灭。

现生的证得涅槃,不但能确证未来生死的解脱,对于现生,更能实现解脱的自由。这由于通达了无常、无我、无生——人生的究竟真理,知道一切的本来空寂,一切本来如此而必然如此的。如老死——无常性的必然到来,佛也没有例外,这有什么悲哀?依法持心,能于一切苦迫中得解脱,什么都不能扰乱圣者的心情。原来,人类苦迫无限,而归纳起来,不外乎两种:一、从身而来的"身苦",即有关于生理的,如饥寒等。二、从心而来的"心苦",如外物得失的忧恼、生离死别的感伤,尤其是老死到来,感到自己的幻灭,罪恶的悔嫌,系恋家族财产而起的痛苦。这二者虽有相互影响,但一是重于生理的,一是重于心理的。身

苦是一般共感的,心苦即因人而不同。舍利弗为那拘罗长者说:
"身苦患,心不苦患。"(《杂含》卷五·一〇七经)即揭示了佛法
修行而得解脱的要义。佛弟子的定慧熏修,只是到达心地明净,
真慧洞彻,即使老死到来那样的痛苦(其他的苦可知),也不会
引起系恋的心苦。慧解脱的,身体的痛苦与常人一样。定力深
的,身苦可以减轻,或者毫无痛苦。心苦是从自体爱所起的我我
所见中引发来的情绪,圣者得无我慧,即能离爱欲而心得自在解
脱。从自心净化的解脱说,这是出世法最根本的、唯一的重要问
题。所以经中常说:"贪欲尽者,说心解脱。"舍利弗说:"大师唯
说调伏欲贪。"(《杂含》卷五·一〇八经)以贪欲——即集谛的
爱为本的身心,是现生苦迫的根本,贪爱又是未来流转的根本。
解脱了这,即现身自作证而得究竟解脱,未来不再受生死。现时
能离去自我执,解脱自在,从自他和乐的行为中,营为正觉的合
理生活。

涅　槃

　　生死解脱,不是现生不死,不是未来永生,是未来的生死苦
迫的不再起,于现生的苦迫中得自在。这样的解脱当体,即是涅
槃。关于涅槃,从来有有余涅槃、无余涅槃的分别。依汉译《阿
含经》说:涅槃的一般意义,应该是不再来这人世间了。如《杂
含》(卷三四·九五七经)说:"众生于此处命终,乘意生身生于
余处。当于尔时,因爱故取,因爱而住,故说有余。……世尊得
彼无余,成等正觉。"《增一含·火灭品》也如此说:"比丘灭五下
分结,即彼般涅槃,不还来此世,是谓有余涅槃界。……比丘尽

有漏成无漏,意解脱,智慧解脱,自身作证而自游戏,……是谓无余涅槃界。"《中含·善人往经》对于"少慢未尽五下分结已断"的,更分为七善人;而现究竟不再受生死的,称为无余涅槃。这可见,涅槃有不再来这人世间受生的意义。阿那含与阿罗汉——佛也是阿罗汉,都不再来人间,所以并称涅槃。但阿那含还有烦恼与身的剩余,阿罗汉才是无余的。

涅槃是现生自证的。自觉人世间生死的解脱,无论是于人间究竟,或于"彼处"究竟,生死的究竟解脱,称为般涅槃。得到涅槃,除了"众苦尽灭",还可说什么? 古德有以为还有身心的,有以为有心而没有身的。依契经说,这些是妄情的戏论!《杂含》(卷三二·九〇五经)说:"如来者,色(受、想、行、识、动、虑、虚诳、有为、爱)已尽,心善解脱,甚深广大,无量无数,寂灭涅槃。……如来若有,若无,若有无,若非有非无后生死,不可记说。"又(卷三四·九六二经)说:"色已断已知,受、想、行、识已断已知。断其根本,如截多罗树头,无复生分,于未来世永不复起。……甚深广大,无量无数,永灭。""于一切见,一切受,一切生,一切我我所见、我慢、系著使、断灭。寂静,清凉,真实。如是等解脱,生者不然,不生亦不然。"释尊对于涅槃,除了说明烦恼业苦的不生以外,以"甚深广大,无量无数"来形容。甚深广大与无量无数,即法性空寂,这是超名相数量以上的。如《杂含》(卷三四·九六二经)说:"如来法律,离诸枝条柯叶,唯空干坚固独立。"别译作:"瞿昙亦复如是,已断一切烦恼结缚,四倒邪惑皆悉灭尽,唯有坚固真法身在。"幻化的身心永灭,惟是性空,惟是法身,这即是涅槃。有情的所以个体永续,所以无限苦迫,只是迷情为本的诸行,在我执的摄取、住著中,形成和合相续的生命个体。这才"五蕴炽然",死生不了。如破我除爱,即割断了生死的链索,前五蕴灭而后五蕴不再起,即唯一法性而不可说为什么。如大海水,由于过分寒冷结成冰块。冰块的个体,与海水相碍。如天暖冰消,那仅是一味的海水,更不能想像冰块的个性何在。这样,如想像涅槃中的身心如何,或以为小我融于大我,拟想超越的不思议的个体,实在是妄情的测度!所以从有情趣向于涅槃,可说"此灭故彼灭",可说"如截多罗树头无复生分"。如直论涅槃,那是不能说有,也不能说无;不能想像为生,也不能说是无生,这是超名相数量的,不可施设的。所以焰摩迦以为"世尊所说漏尽阿罗汉,身坏命终无所有",被斥为邪见。试问,"如来见法真实如,住无所得,无所施设"(《杂含》卷五·一〇四经),这怎样可想像为无所有呢?《本事经》(卷三)也说得极为明白:"毕竟寂静,究竟清凉,隐没不现,惟由清净无戏论体。如是清净无戏论体,不可谓有,不可谓无,不可谓彼亦有亦无,不可谓彼非有非无,惟可说为不可施设究竟涅槃。"

第二节　佛陀的正觉

正觉与解脱的特胜

佛陀即得阿耨多罗三藐三菩提——无上正遍觉者。正觉的普遍性、究竟性,超过一般声闻弟子,所以佛陀是重于正觉的。学佛者也不称发出离心,而说发菩提心。声闻是闻佛教声而解脱,佛却"先未闻法,能自觉知,现法身知,得三菩提"(《杂含》卷二六·六八四经)。佛陀的正觉,是无贪、无嗔、无痴的完满开展,究竟圆成;而声闻弟子的正觉,是偏于无贪、无痴的,佛与声闻的正觉,可说有程度上的差别。但这是说:佛陀的正觉,是智慧中心的,含摄得无贪、无嗔、无痴,从身心净化、自他和乐的生活中得究竟自在。如从智慧的无痴说,无漏慧的证法性空,与声闻没有差别,毕竟空是没有什么彼此差别的。能实现智证空如,即转凡成圣,转迷成悟。三乘同性的圣人,不是神,只是以智证空寂而得离欲解脱的自由人。不过,慈悲而偏于消极的不害他,这是声闻;重于积极的救护他,即是从修菩萨行而成佛。佛在这三乘同一解脱的圣格中,显出他的伟大。有情,是身心相依,也是自他互成的,所以佛陀的正觉不但契合缘起的空性,更能透达缘起的幻有,慈悲利他的德行更能发挥出来,不像声闻那样仅是消极的无诤行。人间佛陀的无上正遍觉,应从真俗无碍、悲智相应中去说明与声闻的差别。

　　论到解脱,佛与声闻弟子平等平等。如《中含·瞿默目犍连经》说:"若如来无所著等正觉解脱,及慧解脱阿罗诃解脱,此二解脱无有差别,亦无胜如。"解脱的平等,约解脱能感生死的烦恼及生死说。如论到烦恼的习气,即彼此不同,如舍利弗还有嗔习,毕陵伽婆蹉有慢习,这是烦恼积久所成的习性。虽然心地清净,没有烦恼,还要在无意间表露于身语意中。声闻的清净解脱,还不能改善习以成性的余习。这虽与生死无关,但这到底是烦恼的余习,有碍于究竟清净。古人譬喻说:声闻急于自了,断烦恼不断习气。这如犯人的脚镣,突然打脱,两脚虽得自由,而行走还不方便。菩萨于三大阿僧祇劫修行,久已渐渐地消除习气;等到成佛,即烦恼与习气一切都断尽了。这如犯人的脚镣,在没有打脱时,已设法使他失去效用;等到将脚镣解去而得自由时,两脚即毫无不便的感觉。这解脱的同而不同,还是由于声闻的急于为己、菩萨的重于为人。

佛的相对性与绝对性

现实人间的佛陀,如释迦牟尼佛,成立于无贪、无嗔、无痴的均衡扩展,成立于尊重真理、尊重自己、尊重世间,而德行能作到时代的完成。这是说:在圣者正觉的同一性上,更有真俗无碍性、悲智相应性,达到这步田地即是佛。这在智证空寂的正觉中,没有彼此差别,是彻底的;三德的平衡开发,是完善的。本着这样彻底而完善的正觉,适应当时、当地、当机,无不恰到好处,佛陀是究竟圆满的!大乘法中说:菩萨初得无生法忍——这虽是慈悲相应的,约智证空性说,与声闻平等,即可称为得阿耨多罗三藐三菩提,可说成佛了。究竟圆满的佛陀,不外乎净化人性,扩展人的德能而达到恰好处。这才是即人成佛的佛陀,实现于人间的佛陀!

在大乘法的展开中,佛陀观到达无所不知、无所不能、无所不在、绝对无限的佛陀。在从现实人间的佛陀说,这是多少可以考虑的。佛陀虽因久劫修行,有广大的世俗智、自发的胜义智,但无所不知、无所不能、无所不在,实难以从现实的佛陀中得到证明。反之,无所不知、无所不能、无所不在,佛也决不因此而称为佛陀。人间世——只要是现实存在的,即是缘起的存在,缘起是有相对的特性的，不能无所不在、无所不能、无所不知。佛陀观的发展到如此，因为佛法的普及民间，从信徒归依佛陀的心情中发展出来。自释尊入灭，在时空的演变中，信众意欲——知识、能力、存在的无限欲求，不能满足于适应当时人间的佛陀，这才想像佛陀为无所不知、无所不能、无所不在，而为任何时代、环境、信众所不能超越的，推尊为圆满的、绝对的。这是理想的，是自我本质的客观化。一般宗教，幻想此为外在的神；而正见的佛弟子，即知这是自心的佛，是自我——意欲本质的客观化。我们知道，成佛是智证——即三法印的空寂性的，这是没有彼此而可说绝对的、彻底的，能真俗无碍、悲智相应的。到达这，即是佛陀，知识、能力、存在，缘起的一切，永远是相对的。这并非人间佛陀的缺陷，这才是契当真理。虽说是相对的，但无论佛陀出现于什么时代、什么地方，他的知识、能力、存在，必是适应而到达恰好的。佛陀的绝对性，即在这相对性中完成！

中华书局

初版责编　陈　平